R. 2946.

2075

DE LA PHILOSOPHIE DE LA NATURE.

TOME PREMIER.

Avis au Relieur.

On a oublié de défigner un carton de quatre pages pour le premier Volume, marqué des nombres 91, 92, 93 & 94, & qu'il faut placer après la page 90, fans ôter celles qui fuivent.

Philosophie de la Nature. Tome I.

Qu'un Philosophe est grand quand il peint la Nature!

DE LA PHILOSOPHIE
DE LA NATURE.

Nunquàm aliud Natura, aliud Sapientia dicit.
JUVENAL. Satyr. XIV.

TOME PREMIER.

A AMSTERDAM,
Chez ARKSTÉE & MERKUS.

M. DCC. LXX.

AVERTISSEMENT DES LIBRAIRES.

Les trois volumes que nous préfentons aujourd'hui au public, forment dans un fens un ouvrage complet, parce qu'ils renferment en entier la Théologie naturelle, & le Traité de l'Ame.

Le quatrieme volume qui fait lui feul la derniere partie du livre trois, roule fur la Théorie du corps humain, fur les queftions curieufes de la Circoncifion, de l'Onanifme, de la

Tome I.   a

mutilation, du suicide, &c. Il complette cette partie du droit naturel qui regarde les devoirs de l'homme envers Dieu & envers lui-même; mais on peut le regarder aussi comme un ouvrage détaché : ce volume paroîtra dans le courant de 1770.

Les tomes suivans de la *Philosophie de la Nature* ne tarderont pas non-plus à être imprimés; nous tâcherons de les publier de maniere qu'ils puissent également être détachés, & faire suite.

ÉPITRE
DÉDICATOIRE
A LA FEMME
QUE JE ME PROPOSE
D'ÉPOUSER (*a*).

Vous qui n'existez pas encore pour ma félicité, & qui, peut-être loin de moi, cultivez des

---

(*a*) On verra dans la suite de cet ouvrage la raison de la longueur de cette épître. — Malheur au lecteur qui n'y verroit qu'une froide dédicace !

a ij

vertus obscures que l'amour doit rendre un jour utiles au genre humain, aimable Palmyre, recevez mon premier hommage ; cette épître, dictée par mon cœur, sera digne de vous ; elle ne ressemblera point aux dédicaces ordinaires ; elle ne fera ni l'apothéose d'un Mécene obscur, ni sa satyre.

A qui puis-je mieux dédier ce livre qu'à celle qui l'a inspiré ? Oui, c'est l'amour qui m'a rendu Philosophe ; vos charmes m'ont fait trouver la Nature plus riante, & vos vertus l'ont rendue, s'il est possible, plus sublime encore.

Si j'offrois cet ouvrage à une

ÉPITRE.

reine, je la nommerois, & mon épître seroit achevée ; ce seroit au public qui sçait si elle est digne d'éloge, à faire la dédicace.

Mais vous, Palmyre, qui connoissez si peu les hommes, que les hommes sont si peu dignes de connoître, je dois aux Philosophes l'histoire de votre vie : elle justifiera mon épître, & l'épître servira ensuite à justifier mon ouvrage.

Je me transporte à cet instant heureux où nous nous voyons pour la premiere fois ; nous ne nous sommes point encore parlé ; mais une secrete émotion nous a trahis ; nos regards se sont rencontrés, nos ames se sont entendues, nous nous aimons.

Tu m'aimes ; car dès que tu m'apperçois je reconnois aux ondulations de ton sein les mouvemens précipités de ton cœur ; tu m'aimes, car avec les jeunes gens de mon sexe, tu te livres à toute ta gaieté, mais tu es réservée avec moi.

Douce pudeur acheve de colorer le visage de Palmyre ; tu caractérises l'innocence de mon amante, & tu la conserveras encore, lorsque cette amante deviendra mere.

Palmyre, je t'aime avec enthousiasme ; cependant tu n'es point une beauté parfaite ; l'Albane ne t'auroit point fait servir de modele, quand il fit le portrait des Graces; & ces monarques d'Asie, qui ne jouissent que des plaisirs qu'ils achetent, ne t'auroient point placée dans leurs serrails à côté de leurs Georgiennes; qu'importe? je suis épris des charmes de toute ta personne, comme si rien ne pouvoit l'égaler. Mon amour est quelque chose de plus, que cette fievre ardente des sens qui s'éteint après la jouissance: je puis te préférer pendant une heure une Georgienne; mais si je t'aime une fois, je t'aimerai toute ma vie.

Reprends ta sérénité, vertueuse Palmyre; tu as les prémices

de mon ame; si tu avois pu avoir une rivale, je ne t'aurois jamais aimé.

Nous parlons tous deux un langage nouveau pour nous; un instinct secret nous inspire ses images, & nous dicte ses inflexions; c'est l'idiome de l'amour, le même chez tous les peuples de la terre. Quand dans l'épisode admirable de Didon.... Ecoute, Palmyre, tu n'as peut-être jamais lu l'Enéide; qu'importe? tu crées à chaque instant les pensées de Virgile, & les hymnes d'Anacréon.

Oh! que cet amour donne d'énergie à mon ame! jamais je ne me sentis plus bienfaisant, que

ÉPITRE.

lorsque j'osai te mériter ; jamais les hommes ne me furent si chers, que lorsque j'approchai de l'instant où je devois les oublier dans tes bras. Tu es vertueuse, parce que la Nature t'a fait telle ; je suis vertueux aussi, parce que tout ce qui t'aime doit te ressembler.

Le dernier acte de nos amours sera célebre par des sacrifices ; le tems vient où ton pere expirant voudra te dérober à mes embrassemens ; où ma patrie m'enverra loin de toi pour la défendre, & peut-étre pour mourir ... mourir ! .... nous ne balançons pas ; Palmyre sacrifiera son amant à la Nature : je sacrifierai Palmyre à mes con-

citoyens. — *L'épreuve est faite,
& nous sommes unis.*

*Enfin nos liens sont tissus;
ta famille est enivrée de joie; le
ciel même a reçu nos sermens;
il te vient alors en idée de me
demander qui je suis, nous nous
expliquons; & il se trouve que
l'un de nous est d'un sang illustre,
& que l'autre n'est que d'une famille honnête; l'un des deux
époux gémit alors de sa naissance.* — *C'est celui qui en a.*

*Ce trouble n'a qu'un instant
de durée.* — *Palmyre, écoute ton
époux: le cœur nous unit; ce
n'est point aux opinions humaines à nous diviser: si j'avois à
parler à une femme ordinaire,*

ÉPITRE.

je lui dirois: Allons repréſenter; faiſons valoir les titres de nos ancêtres pour jouir de la récompenſe de leurs ſervices; ſçachons-nous ruiner avec gloire, plutôt que d'être heureux dans la pouſſiere. — Mais je dis à Palmyre: n'aſpirons qu'à deſcendre; il eſt plus utile à l'Etat de rendre heureux un village que de promener ſon ennui à la cour des rois; tu ſeras donc la femme d'un fermier opulent, & non celle d'un ſeigneur ruiné.

Quelle époque, Palmyre, que la premiere année de notre union! Ce n'eſt pas à ces vieillards de vingt ans, dont nos villes fourmillent, à calculer la fougue impétueuse de nos plaisirs : ce n'est point aux admirateurs de l'Arétin à juger du prix du pinceau de l'Albane ; nous suivons en nous aimant la douce impulsion de la Nature ; il est des instans où elle semble multiplier notre existence, & anéantir l'univers devant nous.

Cependant ce délire a peu de durée, & ta vertu s'en console sans peine : tu sens que ces instans voluptueux sont autant d'instans perdus pour le bonheur de tout ce qui nous environne.

Ta vertu !..... je ne me dédis pas ; & qu'est-ce que l'amour sans elle ? Non, deux amans scélérats ne s'aiment pas.

ÉPITRE.

Je me plais, Palmyre, à te donner les perfections de ton sexe, & à ne t'en pas donner d'autres; je me plais à croire que je te respecterai encore, lorsque mon ame embrasée suivra le désordre de mes sens; je me plais à me persuader que tu seras pour moi Julie sans son crime, & Clarisse sans son opprobre. —

La scene change; Palmyre, vous voilà mere; un nouvel ordre de devoirs se développe pour nous; par combien de titres vous m'allez devenir chere! Je vous aimerai avec le méme enthousiasme, mais cet enthousiasme sera réfléchi: j'adorois Palmyre par instinct; depuis la naissance d'un fils, je l'adore par instinct & par reconnoissance.

Respectable mere de famille, vous allez consacrer à l'éducation de cet enfant les momens sereins que vous promet ma tendresse; c'est le plus grand ouvrage qui vous reste à faire sur la terre; que mon fils vous ressemble, & vous avez assez vécu.

Vous allaiterez cet enfant, parce que vous êtes sa mere; parce qu'un usage absurde & cruel ne prescrit pas contre la Nature; parce qu'il vaut mieux sentir la pointe du ridicule que la pointe du remords.

Un mercenaire n'élevera pas cet enfant chéri; si l'on gâtoit en lui l'ouvrage de la Nature, il ne seroit plus votre fils ; si on le perfectionnoit, vous cesseriez d'être sa mere.

Vous ferez développer de bonne heure en lui le germe de la loi naturelle ; il ne sçauroit apprendre trop tôt à se respecter, à suivre la douce impulsion qui l'entraîne vers ses pareils, à placer Dieu entre lui & les hommes.

Je sçais que cet enfant sera humain & sensible, tant qu'il n'aura d'autres maîtres que Palmyre & la Nature ; mais le spectacle des hommes heureux peut dans la suite altérer en lui le sentiment de la bienveillance ;

il peut être heureux lui-même, & se faire une ame petite & cruelle; vous multiplierez donc devant lui les tableaux des miseres humaines; les premieres larmes qu'il versera à la vue des malheureux seront le gage de sa vertu future, & la récompense de vos travaux. On enivroit à Sparte les esclaves pour rendre les citoyens sobres, & Palmyre fera entendre à son fils les cris de la douleur, & les imprécations du désespoir, pour l'empêcher d'avoir l'orgueil des esprits foibles, & la dureté des mauvais cœurs.

Il n'apprendra jamais tous ces riens pénibles & dangereux

ÉPITRE.

dont on accable l'enfance dans les villes, & qu'elle est trop heureuse d'oublier.

Il n'en sera pas moins éclairé, quand son intelligence aura percé les enveloppes qui la renferment; il aura un esprit juste pour juger de ce qui est beau, & un cœur sensible pour juger de ce qui est bon.

Palmyre, quelquefois je m'arracherai de vos bras pour serrer entre les miens ce gage de votre amour & de vos vertus, & ce moment d'absence sera encore plus cher à votre cœur que nos plus tendres embrassemens.

Palmyre n'aura point d'esclaves, quand même nous habiterions le Nouveau-Monde ; il n'y a point de puissance sur la terre qui puisse autoriser l'esclavage ; & nous n'avons pas droit de tyranniser des sauvages, parce que leurs peres ont été égorgés par les nôtres.

Cependant comme nous ne pouvons établir l'égalité primitive parmi les hommes, nous aurons des domestiques, qui n'obéiront ni à eux-mêmes, ni à leurs maîtres, mais à l'ordre ; & qui se croiront plus heureux au service de Palmyre que dans l'indépendance.

Un époux, des enfans, des domestiques, voila le monde entier pour Palmyre ; vous verrez peu le reste des hommes. Que vous importe ce tourbillon d'acteurs, nommés la société, qui se tourmentent péniblement pour ne rien faire ; qui varient leurs masques, pour varier leurs plaisirs, & qui n'ont plus d'existence quand ils n'ont plus de rôle à jouer ? Pour vous, tous vos momens sont désormais remplis, puisque vous êtes mere.

Cependant vos vertus seront toutes sans éclat ; elles ne trouveront point de Pline pour les rendre célebres, ou de Trajan pour les récompenser ; mais elles n'en seront pas moins sublimes. Ce doux frémissement qu'excite une bonne action dans un cœur bien né, vaut bien le suffrage de l'univers.

La Nature m'a conduit entre les bras de Palmyre; & Palmyre me ramene à la Nature.— Le livre que j'ose lui dédier n'est que l'expression vive de ses sentimens; quelquefois nous nous entretiendrons de ces nœuds sublimes qui unissent la grande famille de l'univers; & quand méme cet ouvrage ne seroit pas écrit, nous le ferions dans nos conversations.

Sûr du suffrage de Palmyre, j'attendrai sans impatience & sans dédain le jugement du public; les applaudissemens de quelques ames honnêtes feront tres-

faillir mon ame sensible; leurs larmes me flatteront encore davantage.

Si quelqu'ennemi du genre humain exhale sur cet ouvrage le poison que son ame renferme, ô Palmyre! je me jetterai entre tes bras; & je dirai en t'embrassant: La Nature n'est pas blessée.

On m'accusera peut-être de présomption; mais avec les sentimens qui me guident, il est des momens où j'ose me flatter de n'avoir d'ennemis que ceux de la Nature.

Si ses ennemis se présentoient devant moi, je ne fuirois point leur rencontre; mais je leur parlerois de Palmyre, & le ſtilet de la ſatyre s'échapperoit de leurs mains ; je les expoſerois à ſes regards, & ils ſeroient déſarmés.

Il faut toujours finir par ſuivre la Nature, & par adorer Palmyre.

PRÉFACE.

Depuis un demi-siecle, il paroît s'être formé une heureuse révolution dans l'esprit national ; l'attention des Philosophes s'est tournée vers les objets les plus sublimes, on a abandonné aux raisonneurs les subtilités de l'Ontologie, & les énigmes de la métaphysique, & on s'est borné à étudier en grand, Dieu, l'homme & la Nature.

Cette triple science est nécesfaire au sage qui veut perfectionner son entendement ; elle est la base de ce que j'appelle *la Philosophie de la Nature* (a).

Cet ouvrage, tel que je le considere, peut se diviser en deux parties ; l'une renferme les questions curieuses, & l'autre les questions utiles ; la premiere est consacrée aux Philosophes ; l'autre est du ressort de tous les hommes.

Je renferme dans la classe

(a) Cette phrase a fourni le sujet de la premiere estampe. On y reconnoîtra aisément le Philosophe Hermès qui étudie à la fois Dieu, l'homme & la Nature.

des

PRÉFACE. xxv

des problêmes qui n'intéreffent que la curiofité, les queftions fur les attributs de la caufe premiere, fur l'unité de l'univers, fur l'ordre des degrés de la grande échelle des êtres, &c. Le droit de traiter ces matieres fublimes. fuppofe une connoiffance profonde de tous les myfteres de la Nature ; le fage attend pour les difcuter que l'étude & la vieilleffe aient blanchi fes cheveux ; & dans une fcience fi inacceffible à nos regards, ce n'eft pas trop de foixante ans de travaux pour acheter le droit d'établir quelques conjectures.

La partie utile de la *Philo-*

PRÉFACE.

sophie de la Nature comprend la morale de l'homme ; c'est-à-dire, ses devoirs envers Dieu, envers lui-même, & envers la société.

On ne veut point renverser l'ordre des connoissances ; ainsi le droit naturel est l'objet des trois volumes qu'on a la témérité de présenter au public ; ce droit naturel si cher aux nations qui gémissent sous les loix des hommes, si vanté & si défiguré par le vulgaire des Philosophes.

On se contente d'indiquer le plan général de la *Philosophie de la Nature*; il n'est pas encore tems d'embrasser d'une vue générale toute l'étendue de la chaîne, & cette introduction ne sera destinée qu'à en développer le premier anneau.

Il y a long-tems que l'Europe nous demande un traité élémentaire du droit naturel (*a*), qui rassemble les vérités éparses dans les immenses dissertations des Puffendorff, des Cumberland, & des Burlamaqui,

---

(*a*) Le poëte Philosophe qui vient d'écrire sur les saisons, s'exprime ainsi : — On n'a pas même encore un livre qui donne les principes, & les devoirs détaillés de cette morale qui doit être commune à tous les hommes ; les livres élémentaires n'ont gueres été faits que par des hommes médiocres, &c. *Voyez* les Saisons du marquis de Saint-Lambert. *Notes sur l'automne.*

qui rectifie ces hommes célebres, & qui les fasse oublier.

Un tel ouvrage doit renfermer une morale commune à tous les hommes ; si un seul individu pouvoit réclamer contre ses principes, il ne seroit plus le code de la Nature.

La religion sublime dont ma patrie s'honore, n'entre point dans le plan de cet ouvrage ; cependant les Européens observeront en le lisant combien leur culte a d'affinité avec les loix de la Nature, & les autres nations pourront calculer

PRÉFACE.

nécessaire à quelque auteur, c'est sans doute à celui qui écrit sur la Nature ; j'ai donc mis à cet ouvrage le titre qui lui convient, & c'est peut-être montrer quelque courage.

Il y a long-tems qu'on reproche à la Philosophie de n'être que destructrice; c'est comme si on accusoit l'élément du feu des maux que l'artillerie a faits au genre humain : il faut respecter l'art, & tonner sur les artistes.

Pour moi, je serai pacifique, parce que je desire d'être Philosophe. Eh! comment ne le serai-je pas? c'est l'aimable & douce Nature dont j'interprête les loix. Pour la peindre, il faut l'imiter.

On fait ordinairement précéder les études politiques du droit des gens, d'une connoissance préliminaire du droit naturel; je ne vois pas d'abord le fil qui réunit des loix nées dans le cœur humain, avec les sçavantes differtations des Cumberland, & des Puffendorff, les diplômes des Etats, & ces vaftes compilations de traités, qui souvent atteftent moins la générosité des rois que leurs parjures.

Ce fil exifte cependant: l'état de nature eft un état de paix pour le genre humain; & lorfque les peuples gémissent des querelles de leurs rois, que les villes les plus florissantes deviennent des déserts, que les empires se renversent les uns sur les autres, & détruisent pour être détruits à leur tour ; on dit toujours aux nations qu'on ne cherche qu'à les réunir, & à en faire une seule famille. Les législateurs conduisent les hommes à la Nature, comme le farouche Sylla conduisoit les Romains à la liberté.

Le code naturel seroit inutile aux hommes, si la saine politique étoit née chez ce sauvage robuste qui se croit supérieur à tous les êtres que ses fleches peuvent atteindre ; chez cet usurpateur adroit qui arme entr'elles les passions de ses sujets, pour faire servir leur foiblesse au maintien de son despotisme ; chez ce conquérant altier qui prend le bruit pour la gloire, & les ravages de la terre pour l'empreinte immortelle de sa grandeur. Non, la politique a pris naissance chez le sage qui chercha à réprimer ces destructeurs du genre humain ; il ne consulta que son cœur pour établir sa nouvelle législation ; & le code qui en résulta vaut bien les institutions de Justinien, & les loix des douze Tables.

Mais l'homme n'est pas toujours à portée d'entendre les oracles qui partent de son cœur; souvent, à force de le contredire, il l'oblige à se taire.

L'Europe entiere est policée; mais plus la société s'aggrandit, plus le cercle de la bienveillance s'étend, & par conséquent plus l'humanité s'altere ; c'est ainsi qu'on remarque dans les arts, que plus il y a de littérateurs dans une nation, moins il s'y trouve d'hommes de génie.

La voix des passions contribue encore à étouffer la voix du cœur. Comment le souverain qui veut usurper, le fourbe qui veut trahir, le fanatique qui veut détruire, replieront-ils leur ame sur elle-même, & suivront-ils ses douces impulsions ? Quand l'intérêt veille dans notre cœur, il y annonce le sommeil de la Nature.

Le dirai-je encore ? A force d'envelopper des ténebres de la métaphysique les notions du juste & de l'injuste, quelques Philosophes les ont presque fait disparoître. On en est venu à discuter si nous avions le sentiment du bien & du mal moral, comme on discute chez les disciples de Leibnitz, l'existence des monades.

Il est donc nécessaire que la saine Philosophie écarte le voile qui semble envelopper la Nature. Puisse-t-elle un jour faire pour le monde moral ce que l'auteur de la gravitation a fait pour le monde physique !

Pour former l'ouvrage que je demande dans un siecle aussi éclairé que le nôtre, il me semble qu'on devroit s'y prendre ainsi : — Il faudroit d'abord interroger la Nature dans le silence des passions, attendre ses oracles sans les supposer ; & devenir cent fois son observateur pour mériter d'être une fois son interprete.

Il faudroit ensuite dévorer ces

ouvrages immenses qu'on a fait sur le droit naturel ; lire des livres ennuyeux pour les oublier, des livres absurdes pour avoir droit de les méprifer, & des livres dangereux pour avoir celui de les réfuter.

Il ne faudroit point s'appesantir sur des critiques qui ne pourroient éclairer que les sçavans ; il y auroit le même danger à n'en point faire du tout, parce qu'on se priveroit de la confiance de ses lecteurs. — Philosophe téméraire, tu veux que je tombe aux pieds de ta nouvelle divinité ; aide-moi donc à renverser les autels de nos peres !

Il feroit inutile d'emprunter le frivole échafaudage des fophiftes pour les refuter ; fi la critique n'eft pas concife & lumineufe, l'auteur n'a point travaillé par l'impulfion de la Nature ; il ne mérite point de travailler pour elle.

Il faudroit laiffer entrevoir la marche géométrique de fon efprit, mais éviter le ftyle froid & aride des géometres. On doit moins s'attacher à convaincre l'efprit qu'à perfuader le cœur ; s'il étoit poffible que la lecture de quelques chapitres fît verfer ces larmes délicieufes qui caractérifent également l'honnêteté d'un ouvrage, &

celle de ses lecteurs, l'objet du Philosophe seroit rempli par ce triomphe sublime de la Nature.

On pourroit faire d'énormes volumes sur le droit naturel ; mais pourquoi imiter les jurisconsultes d'Allemagne, qu'on s'occupe à refuter ? Il faut travailler plus long-tems qu'eux afin d'être plus courts, & chercher à être estimé des hommes, plutôt qu'à être cité des gens de lettres.

Je desirerois fort qu'on ne prît pas ce plan pour l'apologie de ce traité; je n'ai point coloré mon tableau, avant d'en avoir esquissé le dessein; je n'ai point imité la Motte qui ne compofoit fa poëtique que pour fervir d'excufe à fes ouvrages.

On s'appercevra en parcourant ce traité, que je n'ai point cherché à furcharger la littérature d'un livre inutile ; j'ai effleuré plufieurs queftions oifeufes qu'on avoit approfondies, & j'ai tenté d'approfondir plufieurs queftions importantes qu'on avoit effleurées.

Souvent c'eft l'intérêt actuel des hommes qui m'a fait multiplier mes recherches ; ainfi dans l'article du fanatifme, je n'ai dit que deux mots du maſſacre de la faint Barthélemi, qui, grace à nos mœurs, n'a

PRÉFACE.

trouvé dans ce siecle qu'un seul apologiste, tandis que je me suis étendu sur la conspiration générale des nations contre les Juifs, parce que la politique semble n'avoir pas encore osé décider si un Juif est un homme.

Quand j'ai jetté les premiers matériaux de cet ouvrage, je ne voyois point encore jusqu'où le fil analytique de la Philosophie me conduiroit ; maintenant que la premiere partie est achevée, je frémis d'avoir osé faire un pas dans cette immense carriere ; je sens en ce moment le besoin que j'ai d'indulgence, & si j'emploie le reste

PRÉFACE.

de ma vie à perfectionner *la Philosophie de la Nature*, je croirai, encore sur le bord de la tombe, n'avoir fait que la mériter.

Je n'ose parler du style de cet écrit, j'ai tenté de l'éloigner également de la sécheresse du dissertateur, & de l'emphase du déclamateur. Mon but est rempli, si on me lit; car alors je serai utile.

On se partagera sans doute sur les contes philosophiques qui sont répandus dans ce traité. Les personnes qui ne jugent que par la froide raison, trouveront mauvais qu'on en ait fait usage; celles qui jugent par

PRÉFACE.

le sentiment, regretteront peut-être que toute ma morale ne soit pas en contes.

Racine disoit : Ce qui me distingue de Pradon, c'est que je sçais écrire ; c'est donc le style qui fait vivre un ouvrage ; outre cela j'avois pour but d'être utile ; ce qui ne pouvoit s'exécuter qu'en cherchant les moyens de plaire. Je ne me flatte pas d'avoir réussi dans l'exécution de mon plan ; mais j'ai du moins montré de loin la route à des plumes plus éloquentes, & à des génies plus sublimes ; je me réjouirai avec les hommes qu'on éclairera, si on me fait oublier.

TABLE
DES CHAPITRES
ET DES ARTICLES

Contenus dans le Tome premier.

Epître dédicatoire, *pag.* iij
Préface, xxiij

LIVRE PREMIER.
PRINCIPES.

INTRODUCTION, pag. 1
CHAPITRE I. *De la néceſſité générale des loix naturelles,* 4

CHAP. II. *De la nécessité particuliere du droit naturel pour l'homme*, 8

CHAP. III. *De l'existence du droit naturel*, 14

    ARTICLE I. *Paradoxes de quelques Philosophes sur l'existence du droit naturel*, 17

    ART. II. *Opinion absurde de Lucrece*, 23

    ART. III. *Réponse à Lucrece, ou histoire Américaine*, 29

CHAP. IV. *De l'essence des loix naturelles*, 59

CHAP. V. *De l'instinct moral*, 65

CHAP. VI. *Preuve des loix naturelles par leur infraction*, 82

    ART. I. *Examen des abus de la religion naturelle*, 84

Des Guanches, 92

DES CHAPITRES, &c. xlv

D'un fragment singulier de Bardesane,	96
Des Parsis,	106
Des Lettrés de la Chine,	115
Des Quakers,	131
Réflexion,	139
Art. II. *Examen de l'abus du principe de la bienveillance universelle,*	140
Art. III. *Réflexion politique,*	149
CHAP. VII. *Principe naturel sur l'Etre suprême,*	151
Digression sur une calomnie de Bayle, de Locke, &c. contre le genre humain,	159
Art. I. *Danger des idées philosophiques sur l'essence de Dieu,*	170
Art. II. *Absurdités des idées populaires sur l'essence de Dieu,*	179
Art. III. *Conclusion,*	185

CHAP. VIII. *Principes naturels sur la bienveillance universelle*, 186

Art. I. *De la bienveillance envers nous-mêmes*, 187

Art. II. *De la bienveillance envers les hommes*, 198

Le Dalécarlien, anecdote Suédoise, 200

Réflexions, 244

LIVRE SECOND.

DE L'HOMME EN RAPPORT AVEC DIEU.

INTRODUCTION, 247

CHAP. I. *Si le Théisme est nécessaire à l'homme*, 256

Dialogue entre un Théiste & un Athée, 259

CHAP. II. *Si le Théisme suffit à l'homme*, 284

Entretien de Socrate & de Paschal, 286

CHAP. III. *Jugement de la Nature sur les cultes de la terre*, 301

CHAP. IV. *Digression sur le système des deux principes*, 302

CHAP. V. *De la superstition*, 315

  Art. I. *Idées fausses de la Divinité*, 319

  Art. II. *Faux dogmes*, 325

  Art. III. *Vrais dogmes dont on abuse*, 331

  Art. IV. *Superstitions guéries par d'autres superstitions*, 335

  Art. V. *Abus dans le culte*, 338

  Art. VI. *Disproportion entre les délits & les peines*, 349

  Art. VII. *Des Asyles*, 353

xlviij   TABLE, &c.
ART. VIII. *Des ministres de la religion*, 359

Fin de la Table des Chapitres.

CATALOGUE

CATALOGUE
DES CONTES

Et autres morceaux philosophiques répandus dans les trois volumes.

TOME PREMIER.

Pag.

Histoire Américaine, 29
Le Dalécarlien, anecdote Suédoise, 200

Dialogue entre un Théiste & un Athée, ou entretien de Socrate & de M. de Wolmar, 259

Entretien de Socrate & de Paschal, 286

TOME II.

Lettre circulaire du Rabbin David Ben-Anrou, prince de la Captivité aux souverains des deux Mondes, Pag. 106
Songe de Marc-Aurele, 188
Démonstration de l'immortalité

DES CONTES, &c. lj

de l'Ame, ou histoire de Jenny Lille, 317

Avanture de Pythagore, 464

Fragment des vers dorés de Pythagore, 515

TOME III.

CONVERSATION entre un Parisien & un Caraïbe, Pag. 27

Lettres posthumes de Fontenelle & du docteur Young, 160

Drame raisonnable avec des commentaires, 211

c ij

lij CATALOGUE, &c.

Dialogue entre Leibnitz & Charles XII, 377
Priere à la Vertu, 403

Fin du Catalogue.

DE LA

DE LA PHILOSOPHIE DE LA NATURE.

LIVRE PREMIER.

PRINCIPES.

On ne traite point ici de la Nature en obſervateur phyſicien ; de grands hommes ont tenté d'analyſer les merveilles des êtres qui nous environnent ; de plus grands hommes

Tome I.   A

encore ont eu la prudence de ne pas l'entreprendre.

On peut envisager la Nature sous une multitude de faces (*a*); mais on ne se propose ici que de la considérer dans les rapports que l'homme a avec les êtres intelligens; la Philosophie répandue dans cet ouvrage,

------

(*a*) Boyle a fait une Dissertation très-longue sur les divers sens qu'on peut donner au mot de Nature; elle est dans le recueil de ses ouvrages qu'on a réunis en cinq volumes *in-folio*: on ne lit gueres les Livres de ce célèbre Physicien, mais on fait ses expériences.

Aristote, qui a presqu'autant écrit que Boyle, mais avec plus de génie que lui, définit ainsi la Nature: *Principium & causa motûs, & ejus in quo est primo per se & non per accidens*; cette définition est bien aussi absurde que celle-ci: *L'homme est un être à deux pieds, sans plumes*; mais elle n'est pas aussi plaisante.

ne tend point à faire des géometres, mais à inspirer des mœurs; on desire se faire entendre de toutes les Nations. Ce Traité élémentaire de morale, est fait pour les êtres qui sentent & qui raisonnent dans les deux Mondes & aux terres Australes.

Il est inutile d'avertir qu'on n'a en vue que l'homme moral & non l'homme physique; en effet, un enfant & un imbécille ne sont point soumis aux loix naturelles; le premier n'est pas encore homme; le second ne le sera jamais.

Avant d'examiner ce que l'homme doit à Dieu, à lui-même & à ses égaux, il est nécessaire d'établir des principes; on desire de ne point encourir le reproche qu'on a fait au fameux Malebranche, d'être moins un grand Métaphysicien, qu'un grand écrivain en Métaphysique.

CHAPITRE I.
De la nécessité générale des Loix Naturelles.

Si l'Univers existe, il faut qu'il y ait un concert invariable dans toutes ses parties; il faut que tous les êtres soient soumis à cette harmonie primitive, depuis Dieu, principe de tout ordre, jusqu'au plus mince animalcule qui végete dans le dernier satellite de Saturne.

Cette harmonie est observée inviolablement par les êtres inanimés, parce qu'un instant de discorde plongeroit l'Univers dans le cahos.

Les brutes semblent à cet égard dans l'ordre des êtres inanimés, parce qu'elles ne peuvent pas ne pas suivre aveuglement l'instinct qui les mene d'une maniere uniforme à l'harmonie.

Dieu étant l'intelligence suprême, ne peut se départir de cet ordre, puisqu'il est l'effet de ses perceptions productrices : effet aussi essentiel que la cause.

Les êtres dont la Nature est supérieure à la nôtre, ne peuvent aussi rompre cet accord, parce qu'ils partagent un des plus beaux attributs de la Divinité, qui est l'impuissance de se détruire.

L'homme en qualité d'être libre & intelligent, peut violer les loix naturelles ; cette liberté n'est regardée comme un présent fatal de la Divinité, que par ceux qui sont tentés d'en abuser ; & le vrai Philosophe remercie le Ciel d'en avoir reçu une faculté qui lui donne un droit exclusif à la vertu. Le bien & le mal moral dérivent de la même cause, c'est-à-dire de la liberté de l'homme; comme les Physiciens font dériver le bien & le mal physique de l'unique inclinaison de l'axe de la terre.

Il ne faudroit pas conclure de cette exposition que nous admettons, la hiérarchie des êtres, telle que Platon, Pope & Buffon l'ont admise dans leurs productions immortelles; cette échelle occupée par tant d'êtres intermédiaires, qui voit l'existence infinie à une de ses extrémités, & le néant à l'autre, n'est qu'un rêve sublime; parce que rien ne sçauroit remplir l'intervalle entre une intelligence infinie & une intelligence créée. Ajoutons que c'est dans un sens très-impropre, qu'on soumet Dieu lui-même aux loix éternelles de la Nature; il n'eſt enchaîné que dans le ſens qu'il tient la chaîne entre ſes mains.

CHAPITRE II.

De la nécessité particuliere du Droit Naturel pour l'Homme.

L'HOMME ne s'est point donné l'être; ainsi quand même il seroit né pour être seul, il auroit des devoirs à remplir à l'égard de son auteur, si son existence lui est chere.

L'homme ne se suffit point à lui-même; ainsi il y a un autre ordre de devoirs qui le lie à ses égaux, s'il chérit son bonheur.

Si l'homme se doit tout à lui seul; si la loi naturelle doit son existence à la crédulité ou au fanatisme, ce Marc-Aurele, né pour le bonheur du monde, va devenir un illustre scélérat; il emploiera les ressorts de son génie à plier l'intérêt général à son intérêt particulier : il fera servir sa philosophie à lui pallier ses attentats ; d'autant plus dangereux alors, qu'il joindra à tous les vices les apparences de toutes les vertus, & qu'il aura l'ame de Néron avec le nom de Marc-Aurele.

Si la distinction du juste & de l'injuste n'a pas pour principe la Nature, je puis déchirer le bandeau du préjugé qui m'attache à tout ce que j'ai de plus cher ; puisque mon intérêt l'exige, j'égorgerai mon ami, j'empoisonnerai mon pere, je ravirai la liberté à ma patrie : les tortures & les bûchers prouveront bien que j'ai été mal-adroit, mais non que j'ai été coupable.

La loi positive arrêtera quelquefois ma main, parce que je préfere l'existence au néant ; mais arrêterat-elle mon cœur ? Ma vertu confiftera donc dans l'impuiffance de faire le mal, & je devrai ma philofophie à ma foibleffe.

Le danger feroit bien plus affreux, fi tous les hommes adoptoient mes principes ; mes paffions toujours oppofées à celles des autres, ne fe trouveroient jamais en équilibre avec elles, à caufe de ma foibleffe : j'aurois pour ennemis tous les habitans de la terre ; & fi par hafard je devenois fouverain, je devrois être dans le même effroi que ce roi des efclaves que fon fucceffeur étoit obligé d'affaffiner.

La loi pofitive eft le fupplément de la loi naturelle : elle fuppofe toujours un ordre antérieur que la main lente du temps n'a jamais altéré, qui furvit à fes infracteurs, & qui porte par-tout les empreintes ineffaçables d'une main productrice.

Quand même la raison ne nous démontreroit pas la nécessité du droit naturel, l'intérêt général devroit encore le supposer; & il faudroit que le genre-humain élevât des autels au premier Philosophe qui mit devant ses yeux un bandeau qui fait sa félicité.

La nécessité du droit naturel pour l'homme, dérive particuliérement du besoin perpétuel qu'il a de la société; il ne faut pas une Philosophie bien profonde pour démontrer ce principe ou pour le concevoir.

Il n'en est pas de la génération humaine comme de la metamorphose des pierres de Deucalion; le corps de l'homme ne naît point avec tout son accroissement, & son esprit n'a pas d'abord toutes ses connoissances : son premier sentiment est celui du besoin ; & sa premiere sensation est celle de la douleur. Ainsi tout l'enchaîne à sa naissance ; & il est perdu, s'il se suffit à lui-même, à l'exemple de la Divinité.

L'âge viril ne le soustrait point à la servitude des êtres ; les passions prennent la place des douleurs ; le sang dans son effervescence échauffe l'imagination ; les desirs font soupirer après la jouissance, & la jouissance multiplie les desirs : l'homme alors rechercheroit la société, quand même cette recherche seroit le plus grand des attentats.

L'homme est encore moins en état de se suffire à lui-même, quand la vieillesse vient émousser l'activité de ses organes ; il a recours aux sens des autres pour suppléer à la foiblesse des siens : il ne vit plus pour lui-même, mais il se voit encore avec plaisir renaître dans sa postérité ; tout est mort chez lui, & l'amour de la société y vit encore.

En un mot, l'amour de la société semble aussi essentiel à l'homme que l'intelligence ; mais l'union qui est la suite de cet amour, doit être réglée par certaines loix primitives : ces loix sont le code de la Nature.

Il est beau que dans le système moral de l'univers, le bonheur de l'homme soit attaché à la bienveillance universelle ; c'est ainsi que dans son système physique, le globe que nous habitons cesseroit d'exister, si dans l'ellipse immense qu'il décrit autour du soleil, il cessoit de graviter sur la plus petite des planetes.

CHAPITRE III.

De l'existence du Droit Naturel.

Qui est-ce qui a appris aux Romains à s'abstenir du parricide pendant six cens ans (*a*)? Seroit-ce la loi positive? mais elle ne supposoit pas même la possibilité d'un tel crime.

Pourquoi ne vit-on pas dans l'isle de Chio, un seul adultere pendant sept siecles (*b*)? Puisque les fem-

---

(*a*) *Voyez* Plutarque, 1er. vol. de l'édit. *in-fol.* de ses Œuvres, Vie de Romulus.

(*b*) *Voyez* le même Auteur, *tome 2*, Traité de la vertu des femmes. Ce Philosophe ajoute que ces Insulaires ont le plus beau sang de la Grece.

mes y avoient toutes la beauté d'Hélene, pourquoi aucune n'en eut-elle l'intempérance ? Attribuera-t-on cette retenue aux préceptes des Législateurs ? Mais si le droit naturel n'existe pas, les Législateurs ne sont à mes yeux que les tyrans du genre-humain, & leurs loix des attentats contre ma liberté.

Il faut conclure qu'antérieurement à tout système humain, il est des choses dont l'essence est de devoir être faites, comme il en est d'autres dont l'essence est de devoir être crues.

Ce principe est si vrai, que tous les Législateurs qui n'ont pas eu un grand intérêt à être absurdes & barbares, ont toujours respecté la morale. Lisez le Yking de Congfutsée, les vers dorés de Pythagore, le Védam de Zoroastre, &c. vous y verrez la quintessence des vérités que Platon, Séneque & Burlamaqui ont enseignées au genre-humain (*a*). Ces vérités naturelles ne sont point le fruit d'une lente & pénible réflexion ; elles forment une chaîne immense, mais dont le premier anneau est dans notre cœur.

(*a*) Mahomet même, le plus farouche des Législateurs, a rarement altéré la morale. *Voyez* ses 48 Aphorismes dans Hottinger, histor. Oriental. *pag.* 247.

ARTICLE PREMIER.

Paradoxes de quelques Philosophes, sur l'existence du Droit Naturel.

Lysandre soutenoit qu'il n'y avoit point de droit naturel, que la vérité ne valoit pas mieux que le mensonge, & qu'il falloit amuser les hommes par des sermens, comme on amuse les enfans avec des osselets (*a*). Cette opinion convenoit parfaitement à un homme qui avoit voulu ravir la liberté à sa patrie, & qui avoit tenté de corrompre les oracles

---

(*a*) *Voyez* Plutarque, tom. 2, Apophtegmes des Lacédémoniens.

de Delos & d'Ammon (*a*). Cette ame de boue avoit commencé par violer les loix naturelles, enfuite elle suppofa qu'il n'y en avoit point: telle eft la marche de l'efprit humain, quand il s'approche du dernier période de la dégradation. Je crois voir un Salmonée qui détruit le temple de Jupiter, & enfuite en nie l'exiftence.

Ce Lyfandre, par une contradiction digne de lui, admettoit cependant des loix pofitives. Il eft fingulier qu'il voulût foumettre les hommes au glaive des loix, tandis qu'il leur apprenoit à braver la foudre.

Hobbes infulte & à l'homme & à la Divinité, quand il compare la droite raifon aux triomphes du jeu

---

(*a*) *Vid.* Xénophon, *Lib.* 3.

de cartes, qui doivent leur prééminence en partie au hasard, en partie aux caprices des joueurs (*a*). Il s'ensuit de ce principe absurde, qu'afin d'être heureux, je suis obligé d'étudier les caprices de tous les individus qui couvrent la terre, & que la même maniere d'employer mon poignard, fera de moi un philosophe à Londres, & un parricide à Pétersbourg.

Carnéade, avant ce philosophe, avoit soutenu que le juste & l'injuste n'existoient pas avant les loix positives; & Locke, le sage Locke (*b*), n'a pas craint d'appuyer ce paradoxe de son autorité respectable : c'est

---

(*a*) *Voyez* l'édition latine de son Léviathan, *cap. V.*

(*b*) *Voyez* l'Essai sur l'entendement humain, *Tom.* 1.

comme si l'on disoit qu'avant que la physique eût découvert les propriétés de la matiere, elle n'étoit pas divisible à l'infini.

Il n'y a pas de justice antérieure aux loix, ajoutoit Carnéade, ou s'il y en a quelqu'une, ce n'est qu'une souveraine extravagance, puisqu'elle nous engage à procurer le bien d'autrui au préjudice de nos propres intérêts (*a*). Carnéade n'eut jamais des idées philosophiques sur les vrais avantages de l'homme en société : il en est du bonheur comme de la lumiere dont les rayons ne subsistent qu'en se partageant.

Je ne me sacrifie point à la so-

(*a*) *Voyez* les Argumens de ce Philosophe, qui nous ont été conservés par Lactance, *Traité des Institutions, Liv.* 5, *chap.* 16.

ciété quand j'en remplis les devoirs ;
parce que la vie n'est qu'un commerce perpétuel de services ; ma
bienfaisance m'assure le secours de
toutes les ames honnêtes, & force
les hommes indifférens à m'imiter.

Si je voulois épurer ce vil amour
de l'intérêt, qui n'a de force que
dans une ame froide & cadavéreuse,
je dirois : ne portai-je pas au fond
de mon cœur le prix de ma vertu ?
Ne suis-je pas heureux du bonheur
que je procure ? Et quand même
ma bienfaisance ne seroit pas toujours éclairée, la reconnoissance d'un
seul ami ne me dédommage-t-elle
pas de l'oubli de mille ingrats ?

Si ce n'étoit pas profaner les noms
sacrés de Caton & de Marc-Aurele,
en empruntant leur langage sublime
pour réfuter Carnéade, j'ajouterois :
Qu'ai-je besoin du vain suffrage des

hommes, pour m'engager à être homme ? Dieu & moi, voilà l'unique tribunal où j'appelle. Quand je meurs pour sauver un pere, je ne fais aucun sacrifice; la mort n'est qu'un instant, mais ma gloire reste avec ma vertu; & quand même, par un renversement des loix de la Nature, mon nom ne survivroit point à ma cendre, je déchirerois encore mon sein pour sauver mes concitoyens; cet instant de destruction où je me vois le bienfaiteur d'un peuple; cet instant, dis-je, d'existence me dédommage du néant de l'éternité.

ARTICLE II.

Opinion absurde de Lucrece (a).

Le tonnerre des Dieux ne fut qu'une chimere,
La terre a mon encens, non l'Olympe & les Dieux;
Nourrice des humains, elle est aussi leur mere,
Et son sein producteur s'ouvre toujours pour eux.

(a) *Voyez* son poëme *de Naturâ rerum*, Lib. V. Voici les principaux vers que j'ai imités; car des vers ne doivent pas se traduire.

Linquitur ut merito maternum nomen adepta
Terra sit; è terrâ quoniam sunt cuncta creata...
Terra cibum pueris, vestem vapor, herba cubile
Præbebat, multâ & molli lanugine abundans...

Ses premiers citoyens pourvus par la Nature,
N'eurent pour vêtemens que les feux du Soleil;
Et le tendre duvet d'un gazon sans culture,
Leur servoit à goûter les pavots du sommeil.

Semblables à la brute, ils vivoient avec elle;
Un bois & des rochers bornoient leur horison;
Ils erroient sans tracer une route nouvelle :
Ils suivoient leur instinct, & jamais leur raison.

Quare etiam atque etiam maternum nomen adepta.
Terra tenet merito ; quoniam genus ipsa creavit;
Humanum. . . . .
Multaque per cœlum Solis volventia lustra
Volgivago vitam tractabant more ferarum,
Nec commune bonum poterant spectare ; nec ullis
Moribus inter se scibant, nec legibus uti,
Quod cuique obtulerat prædæ fortuna; ferebat
Sponte suâ sibi quisque valere & vivere doctus. . . .
Inde magistratum partim docuêre creare

A

A leurs heureux penchans soumis sans être esclaves,
Sur l'Ourse & la Panthère, ils régnoient dans les bois;
On ne les voyoit point l'esprit chargé d'entraves,
Baisser un front soumis sous le glaive des loix.

Intérêt, seul mobile & bienfaiteur du monde;
Toi qu'on honore encor sous le nom de Plutus,

Juraque constituere, ut vellent legibus uti
Nam genus humanum defessum vi colere ævum,
Ex inimicitiis languebat. . . . . .
Nunc quæ causa Deûm per magnas numina gentes.
Pervulgarit & ararum compleverit urbes. . . . .
Unde etiam nunc est mortalibus insitus horror,
Qui delubra Deûm nova toto suscitat orbi . . .

On reconnoît fort peu dans ces vers le Poëte, & encore moins le Philosophe.

Tu gouvernois alors dans une paix profonde,
Tu créois à ton gré le crime & les vertus.

La science orgueilleuse & l'affreux fanatisme,
Ont depuis sur nos yeux étendu leur bandeau ;
Et la Philosophie en proie à l'Ostracisme,
Dans la nuit de l'Erreur porte envain son flambeau.

On a vu l'équité que la fraude environne,
Sous un sceptre d'airain gouverner les mortels,
Le besoin au plus fort conférer la couronne,
Et la terreur aux Dieux ériger des Autels.

J'ai traduit de l'ancien langage sacré des Péruviens, une histoire Américaine que m'a confiée un descendant du dernier des Yncas : elle étoit en hyérogliphes dans un temple du Soleil, renversé par Pizarre ; ce conquérant emporta les tréfors renfermés dans cet édifice, & négligea cet ouvrage qui n'étoit qu'un tiffu de Quipos (*a*). J'ai cru devoir supprimer les métaphores & toutes ces figures hardies qui tiennent lieu d'éloquence aux peuples des climats chauds : quand la vérité éleve un édifice, il est inutile que l'imagi-

─────────

(*a*) Les Péruviens donnoient le nom de Quipos à des cordelettes, dont les nœuds placés de diftance en diftance, défignoient les chofes dont ils vouloient fe reffouvenir ; ces cordelettes leur tenoient lieu de codes & d'annales. On peut remarquer que cette façon bizarre d'écrire, a été originairement en ufage à la Chine ; le Y-King de Fohi fe conferve encore dans ces caracteres. *Voyez* Lettres édifiantes du P. du Halde, *Tome XIXe, pag.* 476.

Voilà une nouvelle preuve en faveur

nation en conſtruiſe les échafauds.

Comme cette hiſtoire eſt philoſophique, j'ai pris pour modele dans mon ſtyle, l'auteur célebre de l'hiſtoire des Troglodytes; l'éloge de ma traduction ſeroit achevé, ſi l'on diſoit: voilà la maniere du créateur des Lettres Perſannes.

---

des Philoſophes qui font deſcendre les premiers Américains de l'extrêmité orientale de l'Aſie; au reſte cette opinion ſemble portée au dernier degré de démonſtration dans l'ouvrage Ruſſe de Kracheninnikow, récemment traduit dans le ſecond *vol. in-4°.* du voyage en Sibérie de l'Abbé Chappe: Ouvrage cher à ceux qui étudient la Nature, malgré les noms barbares dont il eſt hériſſé.

ARTICLE III.

Réponse à Lucrece.

LONG-TEMS avant le regne de Manco-Capac (*a*), le peuple du Soleil (*b*) étoit dans l'usage de réléguer les

---

(*a*) Ce Prince est le premier qui ait établi une législation pour les Péruviens ; on remarque que sa femme Coya-Mama-Oello-Huaco, eut beaucoup de part à ce grand ouvrage. Il est probable que si Dracon avoit aussi consulté sa femme avant de donner des loix aux Athéniens, on n'auroit pas dit qu'elles étoient écrites avec du sang.

(*a*) Tel étoit son nom avant celui de Péruvien, que les peuples d'Europe lui donnerent, suivant leur usage barbare de défigurer jusqu'aux noms des pays qu'ils dévastoient.

grands criminels dans une forêt immense située au Nord des Cordillieres; on ignoroit encore l'art de rendre les supplices utiles, mais on sçavoit du moins n'en pas faire un spectacle révoltant pour l'humanité.

On bandoit les yeux de ces victimes, & on les conduisoit par des routes secretes jusqu'au centre de la forêt ; on y arrivoit après huit jours de marche ; alors les conducteurs, mettoient aux pieds de leurs prisonniers le reste des vivres qu'ils avoient apportés, & avant qu'ils pussent déchirer le triple bandeau dont leurs yeux étoient environnés, ils s'échappoient en silence, & revenoient dans leur patrie vivre à l'ombre de ses loix dont ils avoient été sans opprobres les exécuteurs.

Ces malheureux abandonnés du ciel & des hommes devinrent méchans par principes, & fcélérats par fyftêmes; il n'y a point de Dieu, fans doute, difoient-ils entre eux; s'il exiftoit, il nous auroit puni fans emprunter le fecours des hommes; s'il exiftoit, il nous auroit fait juftes comme lui, & il n'auroit pas befoin de nous punir.

Pour les hommes que la Nature a créés pour être alternativement perfécuteurs & opprimés, dupes & fripons; l'intérêt eft le feul Dieu auquel leurs cœurs facrifient; & quand ils tombent aux pieds des autels, ce n'eft pas pour fe montr... religieux, mais pour rendre les fpectateurs plus crédules; ils s'arrachent un œil, pour avoir le droit de gouverner des aveugles.

En raifonnant ainfi, ils erroient dans la forêt luttant contre les jaguars (*a*) moins féroces qu'eux; & quand ils les avoient vaincus, ils déchiroient leurs membres pour s'en nourrir; répandant le sang afin de le boire, & ne le buvant qu'afin d'entretenir leur ardeur pour le répandre.

Dès qu'ils se virent par leur industrie supérieurs aux bêtes féroces, qui partageoient avec eux l'empire de

---

(*a*) Le jaguar est le tigre du Nouveau-Monde; les Sauvages s'imaginent cependant que cette bête féroce a pour eux une sorte de vénération, & que quand elle les trouve endormis avec des Européens, elle ne dévore que les derniers. Ces Européens ont fait tant de mal dans le Nouveau-Monde, qu'il seroit à souhaiter, pour le venger, que ce fait fût plus que vraisemblable: mais il est certain que le jaguar, quand il a faim, ne respecte personne.

la forêt, ils crurent qu'ils se suffisoient à eux-mêmes, & se donnerent le nom de Mikimaks, mot qui signifie indépendant ; comme s'ils renonçoient au contrat naturel qui les lioit au ciel & aux hommes.

Ces sauvages avoient quelques femmes parmi eux ; ils ne connurent point pour elles ce sentiment vertueux des ames sensibles, qui soumet la force d'un sexe à la pudeur de l'autre, triomphe sans crime d'une timide innocence, & ne fait servir l'instant de la jouissance qu'à rendre éternelle l'union des cœurs ; l'amour ne fut chez eux que cet instinct aveugle qui force les animaux à se délivrer d'un superflu de vie qui les importune, les réunit sans leur donner l'envie de se plaire, & meurt, comme la faim, quand le vil besoin qui l'a fait naître est assouvi.

Lorsque le hasard faisoit rencontrer deux Mikimaks de différent sexe, le plus fort triomphoit de la résistance de l'autre (*a*) : la jouissance étoit ordinairement suivie d'une séparation éternelle ; le pere fuyoit pour ne point partager sa chasse ; la mere délivrée de son fruit l'abandonnoit à la femelle d'un jaguar, qui moins barbare partageoit son lait entre lui & ses petits.

La postérité de ces hommes singuliers ajouta encore de nouveaux chapitres à son code nouveau de dépravation : car les peres avoient encore

---

(*a*) *Et Venus in sylvis jungebat corpora amantum,*
Conciliabat enim vel mutua quamque cupido,
Vel violenta viri vis atque impensa libido....
Lucret. de Natur. rer. Lib. V.

pour frein l'idée importune de leur origine ; mais les enfans nés dans les bois ne pouvoient foupçonner que le Soleil qui les éclairoit, fût la tige de leur race ; ces arbriffeaux que la Nature avoit inclinés vers la fange, ne croiffoient que pour réunir leurs fommets à leurs racines.

Il eft inutile de demander fi les Mikimaks avoient un chef pour les gouverner (*a*); tout gouvernement

---

(*a*) Comment un Mikimak auroit-il defiré d'être roi ? Ce fauvage couronné auroit eu le fardeau le plus pénible qu'on ait jamais impofé à un fouverain ; il auroit été obligé de concilier tous les intérêts particuliers, fans paroître fonger à l'intérêt public. Et comme les volontés d'un fauvage varient à chaque inftant, il auroit été forcé de confulter à chaque inftant tous les individus de fon état.

suppose des loix; & si les Mikimaks avoient eu des loix, ils auroient cessé d'exister.

Ils imitoient cependant ; car tel est l'appanage de tout homme qui n'a pas la faculté sublime de créer; mais comme la jalousie les empêchoit souvent de se copier, il arrivoit d'ordinaire que c'étoit dans les tanieres des tajacous (*a*), & les repaires des jaguars qu'ils alloient chercher leurs modeles & leurs législateurs.

Quelques traits vont faire juger du caractere de la nation. Un Mikimak avoit planté un arbre dont la tige majestueuse sembloit défier les

─────────────

(*a*) Le tajacou est le sanglier de l'Amérique. Quelques Naturalistes l'ont pris pour notre cochon dégénéré, comme les Espagnols prenoient les sauvages qu'ils égorgeoient, pour des hommes dégénérés.

nuages ; son voisin le coupe, parce qu'il bornoit sa vue ; il revenoit triomphant dans une hutte que la la veille il s'étoit construite ; mais elle étoit déjà embrasée, & il n'en vit que la cendre ; le sauvage dont il avoit coupé l'arbre le soir, avoit pensé le matin que son égal ne devoit point coucher dans une cabane, puisque lui-même couchoit au pied d'un arbre.

Un autre sauvage tiroit de l'arc si adroitement qu'il perçoit au vol les oiseaux les plus rapides; un de ses voisins le suivit un jour pour le punir d'un talent que lui-même n'avoit pas ; dans l'instant où le premier perçoit d'une fleche une colombe qui planoit au milieu des airs, l'autre perça son rival d'un trait empoisonné, & le chasseur tomba mort au même moment que sa proie ; l'assassin à cent pas de-là, fut lui-même assassiné.

Deux Mikimaks s'aimoient à leur maniere ; l'amante à demi-pâmée au pied d'un arbre, paroissoit dans cet anéantissement voluptueux qu'éprouve une ame qui n'existe que par le sixieme sens, quand tout-à-coup paroît un énorme jaguar, l'œil en feu, la gueule béante, le crin hérissé, qui tente de s'élancer sur sa double proie; le sauvage vit seul le péril qui le menaçoit; il fit en même-tems ces deux réflexions : nous ne sommes plus à portée de nous servir de nos arcs; ma maîtresse est plus légere que moi & je serai seul dévoré par le monstre. Il n'acheva pas la conclusion ; mais prenant une de ses fleches, il l'enfonça dans le sein de son amante; & tandis que le jaguar s'amusoit à déchirer les membres palpitans de cette victime, il le perça lui-même sur ce cadavre ensanglanté. Le Mikimak victorieux difoit en fe retirant : j'ai tué la bête & je vis encore ; je fuis un grand homme.

Les Mikimaks feroient reftés à jamais inconnus, & nous n'aurions point eu lieu d'admirer la marche de la Nature dans les variétés de l'efpèce humaine, fans un événement extraordinaire qui amena la fille d'un Ynca dans la forêt des Cordillieres. On verra avec étonnement par quel foible anneau tient à l'exiftence un peuple qui a fecoué le joug de la Nature ; une Péruvienne fut vertueufe, & les Mikimaks ne furent plus.

Les premiers Péruviens que poliça le fage Manco-Capac (*a*), étoient le

---

(*a*) Ces premiers Péruviens, fi l'on en croit Garcilaffo, étoient plus qu'antropophages ; car ils mettoient les femmes qu'ils prenoient prifonnieres, au rang

peuple de la terre le plus fortuné & le plus digne de l'être : la vertu étoit chez eux non un fardeau, mais un besoin de l'ame ; ils croyoient obéir à leurs législateurs, & ils ne faisoient que suivre l'impulsion de la Nature.

La plaine que cette nation habitoit étoit le sage monument d'un demi-siecle d'industrie ; elle l'avoit conquise sur les bêtes féroces & sur les eaux : mais aucun trophée n'éternisoit la mémoire de cette entreprise ;

---

de leurs concubines ; nourrissoient leurs enfans jusqu'à l'âge de treize ans, & ensuite les mangeoient avec la mere. *Voyez hist. des Yncas, lib.* 1, *chap.* XII. Vossius rapporte une coutume pareille d'un autre peuple. *Voyez de Nili origine, cap.* 18, 19. Mais Vossius & Garcilasso, ont calomnié le genre-humain ; plus ces peuples étoient sauvages, plus ils étoient voisins de la Nature.

il est rare que le bonheur des peuples soit inscrit sur le marbre & sur l'airain, on n'y consacre ordinairement que la vanité des rois.

Les Péruviens se croyoient issus du Soleil ; ils honoroient cet astre comme leur pere & comme leur divinité ; cependant ils ne lui avoient érigé aucun temple, le législateur redoutoit que leurs idées dans la suite ne s'élevassent qu'à la hauteur d'une voûte ; il connoissoit aussi trop bien la divinité, pour renfermer dans l'enceinte de quelques murs un être qui embrasse l'univers.

Les laboureurs (& tout le monde l'étoit), ne fatiguoient point par leur ingratitude le Ciel & la Nature ; le matin ils se prosternoient du côté de l'Orient & remercioient le Soleil du bien qu'il alloit faire aux hommes ; le soir ils se prosternoient du côté du couchant, & le remercioient du bien qu'il avoit fait.

La législation des Péruviens n'étoit point compliquée; elle se réduisoit à deux loix: les voici. Adorez le Soleil de qui vous tenez l'être: aimez vos égaux de qui vous tenez une partie du bien-être. Personne ne commentoit ces loix; aussi tout le monde les observoit.

Manco-Capac étoit à la fois le souverain, le pontife & le legislateur de ce peuple; cependant il ne s'appercevoit pas qu'il fût absolu, parce qu'il n'avoit aucun intérêt à faire de ses enfans des esclaves.

Ce prince n'avoit point de capitale; il se partageoit entre les différentes parties de son état, afin de voir tout par ses yeux; il n'entroit jamais dans une province que pour y faire du bien, & il n'en sortoit jamais que pour aller faire du bien dans une autre.

Il y avoit cinquante ans que ce monarque régnoit fur fa nombreufe famille, lorfque la vieilleffe & les travaux le priverent de la vue; il ne fut point troublé de fe voir privé à jamais de l'afpect du ciel, parce que fon ame en avoit toute la férénité; mais fon peuple fut en proie à la plus vive confternation. Quelques anciens qui avoient une connoiffance profonde de la vertu des végétaux fe hafarderent alors, à dire que dans la forêt des Cordillieres, il pouvoit y avoir des fimples qui guériffoient l'aveuglement; cette conjecture fut à l'inftant recueillie comme un oracle, & tout le monde crut le fuccès poffible, parce que tout le monde le defiroit.

Le réfultat de la confultation des

vieillards parvint à Kankanor, fille du roi; cette princesse qui passoit pour une beauté dans un pays où le sexe est universellement beau, étoit dans cet âge heureux où le bien ne se fait qu'avec une sorte d'enthousiasme; elle devoit épouser trois jours après un de ses amans, qui avoit mérité sa main à force de services rendus à la patrie. Dans son premier mouvement de tendresse filiale, elle se dit à elle-même: qu'ai-je fait pour me rendre digne d'un amant & d'un pere? méritons à la fois l'estime de l'un & de l'autre: j'irai moi-même dans la forêt; ma tendresse mieux que la science de nos vieillards m'éclairera sur le choix de la plante qui doit guérir mon pere. Que je serois heureuse de pouvoir rendre le jour à celui de qui je le tiens!

Cette idée héroïque flattoit trop

la grande ame de Kankanor, pour qu'elle en pût soupçonner les suites fatales; elle ne s'ouvre de son projet à personne, & part au milieu de la nuit accompagnée de sa seule vertu (*a*) : elle arrive dans la forêt, & sur les lumieres qu'on lui a données, elle cherche l'herbe spécifique qui doit rendre la vue à son pere & la joie à son cœur; ses recherches la font avancer insensiblement dans le plus épais du bois; chaque pas qu'elle fait l'éloigne de sa route; après trois jours de crainte & d'espérance, de plaisirs & de fatigues, elle s'apperçoit enfin de son erreur. Dieux! s'écrie-t-elle, je m'égare & j'étois guidée par mon cœur! ô Manco, ô Aza! je ne vous

―――――

(*a*) On s'apperçoit bien que le lieu de la scene n'est pas en France.

reverrai peut-être jamais... dans ce moment affreux je vois votre douleur ; je sens combien je vous suis chere.... mais pardonnez, je voulois mériter ma félicité : je voulois surtout qu'un pere en fût le témoin.

Quelques cris entrecoupés de Kankanor réveillerent un Mikimak endormi au pied d'un arbre ; il s'avance l'arc en main ; il voit..... Comment pourrai-je exprimer l'étonnement du sauvage ? Il soupçonne pour la premiere fois qu'il peut y avoir une divinité. La régularité de la taille de la princeffe, la majefté de fes traits, tout jufqu'à fa furprife, redouble la fienne ; il fent expirer fa férocité ; l'arc homicide tombe de fes mains. Kankanor de fon côté crut entrevoir fous le voile de la férocité de ce fauvage quelque étincelle de la raifon humaine ; elle s'approche

de lui, le prend par la main. Le Mikimak avoit ignoré jusque-là, combien le sens du toucher a d'analogie
avec l'ame : il sent bientôt un feu
rapide circuler dans ses veines au lieu
de sang ; il pousse de son gozier peu
flexible quelques sons mal articulés ;
son délire commence à se peindre
dans ses regards. Kankanor ne tarde
pas à reconnoître son erreur : Aza !
malheureux Aza ! s'écrie-t-elle, tu
as donc un rival ? & ce rival... me
respectera-t-il ? sera-t-il un homme ?..
Elle ne put en dire davantage : elle
vit d'un coup d'œil son malheur
dans toute son étendue & l'impuissance où elle étoit de s'y dérober : &
son ame étant trop foible pour sou-
tenir le spectacle de tant d'opprobres,
elle tombe évanouie aux pieds du
Mikimak. Ce monstre s'applaudit
de l'état affreux où il voit sa victime :

il leve d'une main hardie le voile qui couvre son sein; il s'apprête à ravir des faveurs que les dieux mêmes auroient demandées avec timidité. Mais le Ciel qui rendoit Kankanor malheureuse, vouloit du moins qu'elle le fût sans opprobre : un grand nombre de sauvages qui étoient accourus à ses cris parurent dans l'instant fatal où l'impétueux Mikimak s'élançoit sur sa proie : voir la Péruvienne, brûler pour elle & combattre pour en jouir, furent pour eux l'ouvrage d'un moment : la querelle s'engage; les traits de toutes parts volent avec la mort : enfin le premier ravisseur de Kankanor tombe mourant aux genoux de la beauté qu'il avoit voulu déshonorer : mais la fureur ne l'abandonna pas avec le sang qui couloit de sa blessure; ce monstre rassemble toutes ses forces,

arrache

arrache le trait qui le déchire, & l'enfonce, avant de rendre le dernier soupir, dans le sein de Kankanor; la Princesse infortunée passa, presque au même moment, du sommeil de l'évanouissement, au sommeil de la mort; seulement elle entr'ouvrit un œil appésanti, qu'elle fut bientôt contrainte de refermer, & ses malheurs lui arracherent ces mots entrecoupés.... Je devois rendre la vue à mon pere,... faire la félicité d'un peuple,... mourir de plaisir dans les bras d'Aza,... ô Soleil ne venge pas ma mort!

Le dernier gémissement de Kankanor, le sang qui couloit encore de son sein entr'ouvert, & la pâleur mortelle répandue tout-à-coup sur son visage, porterent d'abord l'effroi dans le cœur des sauvages; pour la premiere fois ils eurent des remords;

ils sentirent qu'il n'étoit pas toujours bon d'assassiner une belle femme.

Tandis que tous les Mikimaks, interdits & confus, étoient rangés autour du cadavre de Kankanor, l'un d'eux réfléchit que cette belle étrangère pouvoit n'être pas la seule de son espèce; qu'on feroit bien d'aller à la découverte d'une région qui produisoit de telles merveilles, & qu'au fond il valoit encore mieux se battre pour jouir d'une belle, que pour avoir la peau de quelque jaguar.

Le nouveau Philosophe propose son idée aux Mikimaks, qui pour la premiere fois approuverent une idée qu'ils n'avoient point enfantée : ils résolurent de suivre, autant qu'il leur seroit possible, la trace des pas de l'aimable inconnue ; l'intérêt, la curiosité & l'amour se réunirent pour leur faire entreprendre la découverte d'un nouveau monde.

Cependant l'auteur de ce grand projet se revêtit de la robe de Kankanor, & se trouva, par hasard, le chef des Mikimaks; il disoit dans la route : je suis le premier homme de la terre, car mes rivaux m'obéissent.

Son regne fut de courte durée : un Mikimak plus grand que lui, jaloux de voir une espèce de pygmée marcher à la tête de la petite armée, l'étendit mort à ses pieds d'un coup de massue, & revêtit la robe de discorde.

Qu'ai-je à craindre, disoit avec hauteur le nouveau commandant; j'ai tué avec cette massue un nombre infini de jaguars : j'ai soixante fleches dans mon carquois. Et en disant ces mots, il calculoit fiérement le nombre des Mikimaks dont il étoit environné. Tous ſes ſujets frémirent; ils auroient voulu pouvoir le déchirer de leurs mains ; mais nul n'oſa commencer.

Les ſauvages errerent long-tems dans les défilés innombrables de la forêt : quelques-uns moururent en chemin de faim & de fatigue, ou périrent par l'ordre du chef, qui, comme les deſpotes, ſçavoit mieux exterminer ſes ſujets que les nourrir. Mais comme on forçoit tous les ſauvages qu'on rencontroit, de s'enrôler parmi les nouveaux conquérans, les morts furent bientôt remplacés, & l'armée des Mikimaks ſe trouva forte de trois cens perſonnes, quand elle entra dans le royaume des Yncas.

Le Pérou parut à ces ſauvages un nouvel univers, dont ils oſerent ſe promettre l'empire ; & leurs premiers succès militaires durent sans doute les enhardir; ils pillerent quelques édifices publics, égorgerent tous les Péruviens qu'ils rencontrerent sans défense, violerent leurs femmes & déchirerent leurs enfans entre leurs bras: voilà ce qu'on appelle le droit de la guerre chez les peuples éclairés, comme chez les peuples barbares.

Les Péruviens n'avoient encore fait la guerre qu'aux bêtes féroces de leur contrée; leur légiflateur n'avoit point encore donné de code militaire: ils ignoroient l'art d'affassiner les hommes en bataille rangée, afin que les vainqueurs ajoutent quelques arpens à la terre qui doit leur servir de tombeau.

Cependant l'irruption des Mikimaks oblige les enfans du Soleil à se mettre en défense: Aza, le sensible

Aza, fut nommé Général de la petite armée; on lui confia cet emploi pour faire diversion à la sombre douleur dont il étoit dévoré. Depuis la fatale absence de Kankanor, ce Prince desiroit de mourir; mais chargé de la défense de la patrie, il ne chercha plus qu'à vivre pour elle.

Dès que les deux armées furent à portée du trait, Aza parla à ses guerriers : Chers amis, dit-il, prévenons les attentats de nos ennemis, veillons sur eux, défendons-nous avec courage, mais ne les attaquons pas: qui sçait si chaque blessure que vous leur porteriez, ne seroient pas autant d'outrages contre la Nature? Je crois entrevoir dans ces féroces étrangers quelques rayons d'humanité : s'ils sont de même nature que nous, s'ils ne veulent que partager la jouissance de cette contrée & devenir nos concitoyens, il faudroit les épargner,...il faudroit mourir pour eux...(*a*).

Cependant les Mikimaks qui ne faisoient point de harangue, profiterent de l'inaction des Péruviens pour leur lancer une grêle de traits: ils s'approchent de plus en plus : la mêlée s'engage ; dans le moment le prince entrevoit la robe de pourpre de Kankanor dans les derniers rangs des barbares; il ne doute plus que son amante ne soit captive parmi ces furieux. Arrêtez, s'écrie-t-il : la voix expire sur sa bouche ; son ame vole au bout de chaque trait lancé: il ne voit ni son armée, ni la troupe des sauvages, il ne voit

---

(*a*) Cette harangue n'est gueres dans le goût de celles de Tite-Live: elle n'est cependant pas contre Nature.

que les habits de Kankanor; cependant la valeur réglée des Péruviens triomphe de l'impétueuse férocité des Mikimaks; on les environne de toutes parts; alors l'armée victorieuse met bas les armes, & les soldats tendent la main avec bonté aux sauvages pour les rassurer; ces malheureux dans le premier mouvement de surprise en font de même. Aza persuadé que le combat est fini, vole dans le rang où il suppose son amante; mais un trait lancé par un Mikimak le renverse expirant aux pieds de la fausse Kankanor. Que vois-je! s'écrie ce Prince nageant dans son sang & désabusé; objet sacré de mon amour, je vais te rejoindre chez les morts..... Si nos assassins sont des hommes, ils sont plus malheureux que nous......

La mort d'Aza fit reprendre les

armes aux Péruviens indignés de tant de perfidie : ils fondirent fur ces monſtres, en égorgerent un grand nombre, & firent les autres priſonniers.

Un citoyen ſe chargea de porter au roi la nouvelle de la mort de ſes enfans, & de la captivité de leurs meurtriers. Le monarque ſoupire un moment; enſuite reprenant ſa fermeté : Qu'on tâche, dit-il, d'humaniſer ces ſauvages; s'ils deviennent vertueux, mes citoyens ſont vengés,.... & je retrouve mes enfans.

Suivant l'ordre de Manco, on place les Mikimaks dans une ſalle du palais; on leur ôte leurs chaînes, on leur rend leurs armes, & on les abandonne un moment à leurs réflexions. Ces malheureux profitent de ce moment de liberté pour tenter d'égorger le roi & de profiter de ſes dé-

C v

pouilles : ils percent avec leurs javelines le mur qui les fépare de l'appartement royal ; ils ébranlent les colonnes de l'édifice où ils font renfermés. Mais le Ciel se laffa enfin de voir la fcélérateffe aux prifes avec la vertu ; le mur qui féparoit les Mikimaks, du roi, fondit fur eux & les écrafa fous fes débris. Le monarque informé de l'attentat & du châtiment, fe profterna du côté de l'Orient.. O Soleil, dit-il, j'adore tes jugemens fur ce peuple.... mais s'il avoit pu devenir vertueux !

CHAPITRE IV.

De l'essence des loix naturelles.

SPINOSA renfermoit le droit naturel dans l'exercice des facultés animales (*a*) : cette définition suppose que la matiere forme l'essence de l'homme, & dans ce cas, à peine convient-elle à un Mikimak.

Hobbes, qui a jugé de l'homme par ce qu'il est quelquefois, & non par ce qu'il doit être, fait du soin de se conserver, & du desir de subjuguer ses

---

(*a*) *Voyez* l'Ouvrage qui a pour titre: *Tractatus Theologico-Politicus*, & qui a essuyé le mépris des Politiques, & les anathêmes des Théologiens.

voisins, le fondement des loix naturelles (a).

Cette opinion arme les humains les uns contre les autres, jusqu'à leur entiere destruction, & le nouveau législateur, pour maintenir le monde, auroit dû assigner à chaque individus une planette pour la gouverner sans sujets & sans contradicteurs.

Hobbes en établissant la discorde pour principe du droit naturel, met

---

(a) *Voyez* le Traité *de Cive*, cap. I. Ce principe suit nécessairement du système de ce Philosophe sur l'homme. Dans l'état naturel, dit-il, chacun a droit sur tout ; & la Nature nous permet d'avoir tout & de tout faire. Voici le texte : *Natura dedit unicuique jus in omnia..... sequitur omnia habere & facere in statu Naturæ omnibus licere. De Cive*, cap. I. Heureux Philosophe de Mamelsbury, tu es cependant mort dans ton lit !

la Nature ou la Divinité en contradiction avec elle-même; car d'un côté elle met les armes à la main des hommes, & de l'autre elle défend la guerre entre eux.

Quelques anciens qui penſoient comme le Philoſophe de Mamelsbury, en ont tiré d'étranges conſéquences. Brennus marchant au capitole, diſoit aux Romains: Vous ne faites rien d'étrange ni d'injuſte en ſubjuguant vos voiſins, & en vous emparant de leurs terres; vous agiſſez ſuivant la plus ancienne de toutes les loix; c'eſt-à-dire, ſuivant celle qui donne au plus fort les biens du plus foible; loi qui embraſſe tous les êtres, depuis la brute juſqu'à la Divinité (*a*).

(*a*) *Voyez* Plutarque, édition de Vaſcoſan, *Tome* 1, Vie de Camille.

Quel ravage n'auroient pas fait dans l'univers un Gengis-Kan, un Scah-Nadir, un Charles XII, s'ils avoient été conquérans par principe de Philosophie, & destructeurs par amour de la Nature!

Comme il ne s'agit point dans cet ouvrage de citer des Philosophes, mais de l'être soi-même; on ne s'amusera point à réfuter tous les écrivains qui ont mal jugé de la Nature, ou qui l'ont mal définie (*a*).

―――――――――――――

(*a*) Puffendorf, Cumberland & Wolff, semblent avoir réfléchi péniblement dans leur cabinet, pour rendre obscur ce qui est écrit dans le cœur de tous les hommes.

Voici la définition de Puffendorf: La loi fondamentale du droit naturel, est que chacun doit être porté à former & à entretenir, autant qu'il est possible,

DE LA NATURE. 63

Les loix naturelles sont ces principes éternels & primitifs, qui dérivent de la constitution de l'être & le conservent.

Dans un sens plus particulier à

---

une société paisible avec tous les autres, conformément à la constitution & au but de tout le genre-humain sans exception. *Voyez* Traité du droit de la Nature & des Gens, *Tome* 1, *Liv.* 2, *Chap.* 3.

Voici celle de Cumberland : Il y a une proposition unique à laquelle on peut réduire toutes les loix naturelles ;... le soin d'avancer autant qu'il est en nous, le bien commun de tout le système des agens raisonnables, sert à procurer autant qu'il dépend de nous, le bien de chacune de ses parties, dans lequel est renfermé notre propre félicité, puisque chacun de nous est une de ses parties. *Voyez* Traité philosophique des loix naturelles, par Richard Cumberland, Evê-

l'homme, les loix naturelles font ces rapports de bienveillance mutuelle, qui réunissent l'homme à Dieu, & l'homme à l'homme.

---

que de Péterborough, trad. de Barbeyrac, Discours préliminaire.

Voici la traduction de celle de Wolff : Le droit naturel est celui qui dérive d'une obligation naturelle ; de sorte que cette obligation étant posée, il faut que ce droit existe ; or la Nature ou l'essence de l'homme, emporte certaines obligations, elle établit donc certains droits. Wolff, *Jux Naturæ*, Tome 1.

On peut juger de la clarté des définitions des Politiques subalternes, par celles des maîtres de l'art.

CHAPITRE V.

De l'instinct moral.

LES premiers Indiens n'écrivirent point leurs loix; ils disoient que si elles étoient dans les livres, il n'y auroit bientôt que les sçavans qui pourroient les lire (a). Ce raisonnement est juste, si les peuples du Gange n'ont en vue que les loix naturelles, qui sont gravées en caractères ineffaçables dans les cœurs de tous les hommes, & dont les scélérats attestent l'existence par les efforts mêmes qu'ils font pour les détruire.

Il seroit absurde d'exiger pour la loi

(a) *Voyez* Recueil d'Observations sur les mœurs des Peuples d'Asie, &c. Tome 1, chap. 6.

naturelle, la promulgation qui donne la validité aux loix positives des législateurs ; la loi naturelle est indépendante du consentement formel de ceux qui doivent l'observer ; elle oblige tous les hommes, parce qu'ils sont hommes, & dès qu'ils sont hommes.

Demandez à un Indien, à un Péruvien, ou à un Siamois s'il est permis de calomnier, de mentir ou d'assassiner ; ils ne s'aviseront pas d'examiner si Brama, Manco-Capac, & Sammonocodom défendent de tels crimes ; mais l'indignation se peindra dans leurs regards : voilà le cri de la Nature & leur réponse.

Où en serois-je, si pour exécuter les loix naturelles, j'avois besoin du suffrage exprès de l'univers (a) ? Con-

―――――

(a) Le consentement de l'univers n'est

noît-on les nations qui errent dans les fables brûlans de l'Afrique? celles qui habitent les neiges éternelles du pôle, ou les habitans des terres Auſtrales? Connoît-on même les peuples avec qui l'on vit? Mais, dira-t-on, le conſentement des nations policées nous ſuffit; fort bien: mais quel eſt le peuple qui ſe reconnoîtra barbare, ou que la différence des uſages autoriſera à nous faire regar-

---

pas le fondement de la loi naturelle, mais il en eſt une preuve éclatante; il eſt beau de voir tous les peuples rendre hommage à la même vérité, & le genre-humain, par rapport à ces principes primitifs, ne former qu'une ſeule famille.

Je n'ignore point que quelques Auteurs ſe ſont élevés contre l'exiſtence de ce conſentement univerſel, & qu'ils s'appuient de l'autorité de quelques voyageurs dont les noms ſont auſſi peu

der comme tels ? Les Grecs étoient bien présomptueux de se regarder comme le seul peuple civilisé de la terre, tandis que Salomon régnoit en Palestine, que Numa policoit les Romains, & que la Chine recevoit la législation de Confugtsée. Le Caraïbe prétend que ses usages sont parfaits & que les nôtres sont absurdes ; & les Chinois ont soutenu long-tems que les Européens n'avoient

connus que leurs ouvrages. Observons en peu de mots, que la plupart des écrivains dont on cite le témoignage, sont sujets à juger de tout par leur génie, dont la sphere est fort peu étendue ; à décider des mœurs des peuples, par les coutumes de quelques particuliers ; à juger d'une loi, par l'action même de son infracteur. Tous les voyageurs ne sont pas des Kaempfer, des Anson, & des la Condamine.

qu'un œil, & que le reste de l'univers étoit aveugle (a).

―――――――――――――――

(a) La Géographie des Chinois n'étoit qu'une satyre perpétuelle. Ils nommoient un royaume le pays des Nains; il étoit composé, disoient leurs lettrés, d'hommes de si petite taille, que dans la crainte d'être enlevés par les aigles & les éperviers, ils étoient obligés de se lier plusieurs ensemble. Ils appelloient une autre région, l'empire des femmes; ils se figuroient qu'elles y concevoient en regardant leurs images dans un puits, & qu'elles ne mettoient au monde que des filles. Un autre peuple étoit composé d'hommes à corps humains & à têtes de chiens; ils appelloient les Tartares, les Coréens, les Japonois & les Tonquinois, les quatre Nations barbares. *Voyez* le Pere du Halde, & les Auteurs cités dans l'histoire générale des voyages de l'Abbé Prévot, *édit. in-12, vol. 22,* description de la Chine.

Sophocle si célebre parmi nous, & cependant si peu connu, a dit dans une de ses tragédies (a), en parlant de la loi naturelle :

> Sans doute cette loi divine
> Connue avant les souverains,
> Ne peut devoir son origine
> A la volonté des humains :
> Toujours pure & toujours auguste,
> Elle habite le cœur du juste
> Et le cœur le plus avili :
> Fille du ciel dans tous les âges
> Elle triomphe des outrages
> De la vieillesse & de l'oubli.

Ce grand homme, qui a si bien peint la Nature dans ses tragédies immortelles, ne consultoit que son

---

(a) *Voyez* Tragédie d'Œdipe Tyran. On s'appercevra assez que ses vers sublimes ne font point une autorité de poëte.

cœur pour la définir; il fentoit que des loix qui obligent tous les hommes, iroient contre l'intention du législateur suprême, s'il falloit être Philosophe pour les connoître, ou pour les expliquer.

Platon le plus beau génie de l'antiquité, malgré ses erreurs & ses paradoxes, se trompa sur la maniere de connoître les loix naturelles : cependant il parut faire plus de disciples que Sophocle. Les sages qui n'écrivoient pas, penserent comme le Poëte tragique, sans le connoître; mais presque tous les sages qui écrivirent, furent les enthousiastes du Philosophe.

Le système de Platon sur les relations morales est aussi sublime que sa république, & peut-être aussi chimérique. La vérité & la justice, selon lui, ne différent que par le nom, elles sont aussi éternelles que l'Etre suprême; elles subsistoient avant la création de l'univers, puisque notre raison conçoit des rapports de justice, fondés sur l'existence de Dieu & sur la possibilité de celle des êtres intelligens; elles survivent aussi au naufrage du monde, car l'existence de la cause fait imaginer les effets: ainsi quand même Dieu feroit périr le genre-humain, il ne pourroit détruire les relations que l'ame du juste a avec son essence; la terre seroit anéantie, & l'idée sublime de Socrate subsisteroit encore.

Cette idée magnifique a été adoptée par les Zénon (*a*), les Male-

---

(*a*) Vid. *Seneca Opusc. Cicer. de Nat. Deor. Plutarch. de placitis Philosophorum.*

branche

branche (*a*), les Leibnitz (*b*), les Clarke (*c*), les Wolaston (*d*), les Warburton (*e*), & les Montesquieu (*f*); ces grands Philosophes ont été flattés d'un système dont l'intelligence les distinguoit du reste des hommes; ils ont cru, en l'expliquant, contribuer à l'harmonie de la Nature; ils ont posé une échelle immen-

---

(*a*) Traité de morale, & Recherche de la Vérité, *passim*.

(*b*) Recueil de diverses pieces sur la Philosophie, &c, par M^{rs}. Leibnitz, Clarke, Newton, &c.

(*c*) Traité de l'existence & des attributs de Dieu.

(*d*) Ébauche de la Religion naturelle.

(*e*) Dissertations sur l'évidence de la Religion, de la Morale & de la Politique, traduites de l'Anglois.

(*f*) Esprit des Loix, *Liv.* 1, *Tom.* 1, pag. 62.

se entre Dieu & le néant, & du haut de cette échelle ils ont jugé les êtres & imaginé leurs rapports.

Platon, Leibnitz, Montesquieu, &c. dont l'autorité est infinie quand on leur oppose d'autres hommes, ne sont plus que des écrivains ordinaires, quand on leur oppose la vérité. On a pu dire en tout tems aux inventeurs des relations morales : vous avez tort de confondre la vérité & la justice; l'une est la conformité qui subsiste entre la Nature des choses & les signes qui les expriment; l'autre est la conformité des actes des êtres intelligens avec la Nature : des rapports fondés sur la possibilité des êtres, forment une idée trop abstraite pour être proposée au vulgaire des hommes. Quelle seroit l'intelligence qui imagineroit des rapports, si Dieu anéantissoit tous les êtres intelligens ? Quoi ! le raisonnement est nécessaire pour faire connoître les loix de la Nature ? je ne puis sans une opération pénible de l'esprit, être vertueux ? je ne sçaurois sans le génie de Platon, avoir l'ame de Socrate ?

Hume (*a*), Huchetson (*b*), & Robinet (*c*), semblent les premiers Philosophes qui aient rapporté à l'instinct moral le fondement des loix de la Nature : cet instinct est une faculté de l'ame qui discerne le bien & le mal moral sans le secours du raisonnement ; c'est un sixieme sens plus excellent que les autres, puis-

---

(*a*) Pensées philosophiques, &c.
(*b*) Recherche sur l'origine des idées que nous avons de la beauté & de la vertu.
(*b*) De la Nature, Tome 1.

que, dit le Philosophe qui a le mieux écrit sur la Nature, il conserve l'espece humaine, tandis que les cinq autres ne conservent que les individus.

Il est certain qu'en sauvant la vie à mon ami, je me laisse entraîner par une impulsion naturelle, & non par la force du raisonnement ; si à la vue du péril affreux où il est exposé, je m'occupois à calculer le degré de mérite qu'il y auroit à l'en délivrer, mon ami périroit, & je ne serois plus qu'un monstre.

Un vieillard respectable voit s'écrouler autour de lui sa maison embrasée : un de ses fils court au travers des feux & des décombres, arracher son pere à la mort ; l'autre, après avoir mesuré des yeux la hauteur des flammes, appelle froidement des secours étrangers. L'instinct moral a fait du premier un héros ; le fecond, qui s'eft contenté de raifonner, n'eft pas même un homme.

Obfervons que cet inftinct moral, qui eft indépendant de la raifon, ne l'exclut pas (*a*) : quelquefois ces deux mobiles concourent enfemble ; & quand l'approbation de la raifon eft inutile pour faire un acte de vertu, elle en eft du moins la récompenfe.

Je fçais que le méchanifme de l'inftinct moral eft inexplicable (*b*),

---

(*a*) Burlamaqui admettoit également la raifon & l'inftinct moral. *Voyez* fes principes du droit de la Nature & des Gens, *Tome* 2. chap. 3.

(*b*) L'Editeur de Burlamaqui a cependant jetté quelques lumieres fur la nature du fens moral ; voici comment il s'exprime : cet article eft curieux. Il son nom même forme un préjugé contre lui, parce qu'il semble ramener dans la métaphysique les qualités occultes qu'on a bannies de tou-

---

y a deux *moi* dans l'homme ; le moi d'habitude & le moi de réflexion. Le premier dirige les facultés animales ; le second s'occupe du soin d'ajouter à notre bonheur ; quoiqu'ils tendent chacun à un but particulier, ils agissent souvent ensemble. Ainsi lorsqu'un Géometre est occupé de la solution d'un problême, le moi d'habitude obéit aux impressions des sens ; c'est lui qui traverse la ville, & qui évite les embarras ; tandis que le moi de réflexion est tout entier à la solution qu'il cherche : le moi d'habitude suffit aux besoins qui sont absolument nécessaires à la conservation de l'animal ; & l'instinct en général, n'est que cette habitude séparée de la réflexion. L'instinct des bêtes est quelquefois plus sûr que notre raison, parce

tes les classes de la philosophie ; mais il existe, & avec ce principe, on explique la plûpart des phénomenes qui résultent de l'union du

---

qu'il est plus en proportion avec leurs besoins, que la raison ne l'est avec les nôtres. Ainsi de tous les êtres créés, celui qui est le moins sujet à se tromper, est celui qui a la plus petite portion d'intelligence ; l'instinct de bêtes n'a pour objet que des connoissances pratiques ; le nôtre embrasse la théorie & la pratique : c'est lui qui nous fait souvent pressentir la vérité avant même d'en avoir saisi la démonstration. *Voyez* Princip. du droit naturel de Burlamaqui, *Tome 2, pag. 58, &c.*

Toutes ces connoissances n'ont pas empêché M. de Felice & Burlamaqui lui-même, de se tromper sur les effets du sens moral ; il suffisoit cependant d'écouter cet instinct pour ne pas le calomnier dans ses opérations.

Burlamaqui a osé dire que le sens

corps & de l'ame ; la gravitation n'est peut-être aussi qu'une qualité occulte, mais son existence n'en est pas moins démontrée, & avec cette

---

moral persuada autrefois aux Grecs & aux Romains d'exposer leurs enfans ; & aujourd'hui à des Nations barbares, de les ensevelir avec leur mere si elle meurt en couche, ou de les tuer si un Astrologue assure qu'ils sont nés sous une mauvaise étoile. [*Ibid. Tome 2 , pag. 77, &c.*] Il n'a pas vu qu'un pere n'outrage la Nature qu'en étouffant la voix du sens moral : Burlamaqui, obéissez à cet instinct , & vous raisonnerez mieux. Citoyens de Rome, de Sparte, ou de Pékin, cessez de le contredire, & vous ne deviendrez pas parricides.

Le Professeur de Felice, qui se trompe quelquefois avec Burlamaqui, & plus souvent encore sans lui, déclare que l'instinct n'est pas un guide sûr dans le discernement du bien & du mal moral ;

main inconnue Newton a déchiré le voile, qui depuis six mille ans, sembloit étendu sur la Nature.

[*Ibid. Tome* 2, *pag.* 49, *&c.*] & pour le prouver, il compare l'instinct en fait de morale, avec l'instinct en fait de beaux arts. Je dirai à M. le Professeur, 1º. que ce dernier instinct ne s'acquiert que par la réflexion; le plus stupide des hommes peut bien juger des proportions d'une statue ; mais c'est par une secrete comparaison avec lui-même. Il n'en est pas de même de l'instinct moral ; si je vois un homme sur le point de se noyer, je lui tends la main machinalement ; je le sauve d'abord, ensuite je raisonne.

2º. Même dans les beaux arts, l'instinct est quelquefois un guide assuré. Voyez un ignorant & un homme de goût à la représentation d'une Tragédie pathétique : tous les deux seront émus & le seront aux mêmes endroits. Un paysan Danois & un Académicien, pleureront ensemble à la derniere scène d'Inès de Castro.

CHAPITRE VI.

Preuve des Loix Naturelles par leur infraction.

Bayle, Locke & d'autres Sceptiques ont dit: quelques peuples ont violé la loi naturelle; donc il n'y a point de loi naturelle. Je consens d'accorder le principe de ces Philosophes; mais je serai plus conséquent qu'eux; je dirai: quelques peuples ont abusé de la loi naturelle; donc il y a une loi naturelle.

Ce n'est point honorer la vérité, que de calomnier la mémoire de ceux qui l'ont méconnue: ainsi je remarquerai que peu de Philosophes ont mieux observé la loi naturelle que ce Locke & ce Bayle, qui en ont contesté l'existence; le délire de leurs écrits ne passa point jusqu'à leurs mœurs, & tandis que leur plume coupable brûloit d'arracher au genre humain le plus beau frein qui l'attache à la vertu, leurs cœurs plus sinceres déposoient contre leurs blasphêmes, & les contradicteurs de la Nature marchoient à la lueur de son flambeau.

ARTICLE PREMIER.

Examen des abus de la Religion Naturelle.

L'EXISTENCE des effets démontre celle des causes; un Etre suprême gouverne le monde, puisqu'il l'a fait naître: voilà deux principes nés avec la création des intelligences, & qui partageront leur immortalité.

On a calomnié le genre humain, quand on a dit que ces principes naturels avoient été méconnus pendant près de trente siecles; les moralistes ont jugé de la croyance universelle par celle du peuple, qui en tout tems & en tout climat, a circonscrit l'idée de l'Etre suprême dans les limites de sa foible intelligence, a été enthousiaste des dieux qu'il formoit, parce qu'il étoit ignorant, & a persécuté tous les sages qui ne partageoient pas son ignorance.

Mais Hermès, Zoroastre, Congfutsée, Socrate, Marc-Auréle, cette multitude de Philosophes qui éclairerent le monde, & cette multitude d'hommes sensés de toutes les nations qui s'en laisserent éclairer, ne partagerent point les erreurs du peuple; le *Tien* des Chinois, le *Theos* des Grecs, le *Deus optimus maximus* des Romains, fut toujours pour eux le seul Etre suprême, & ils laisserent le vulgaire adorer Teutates, Mercure, Priape & Brama, comme le petit peuple d'Italie adore encore saint Ignace, saint Janvier, & Notre-Dame de Lorette.

La Nature suffit pour faire connoître l'existence de Dieu : mais il faut une philosophie profonde pour être éclairé sur ses attributs, ou plutôt pour être persuadé qu'ils sont au-dessus de notre intelligence ; or, le peuple combine peu ses idées ; ainsi en admettant la nécessité d'un culte, il a dû être Polythéiste & Antropomorphite.

Il y a eu des tems de barbarie (*a*), où une bête féroce tuée publiquement, faisoit de son meurtrier un héros pendant sa vie, & un dieu après sa mort. C'est que les peuples qui vivoient alors dans d'immenses forêts, ne concevoient pas de périls plus affreux, que d'être dévoré par un loup ou déchiré par un tigre.

―――――――――

(*a*) *Voyez* Révolutions de Suéde, de Vertot, *Tome* 1.

Dans d'autres tems les peuples frappés des erreurs de l'homme, de ſes préjugés & de ſes crimes, l'ont cru par ſa nature, inférieur à la brute; ils ont imaginé que l'inſtinct étoit un meilleur guide que la raiſon, & ſur ce principe, ils ont fait l'apothéoſe du chien & du crocodile.

La Divinité eſt préſente par-tout; telle eſt la créance univerſelle: mais la difficulté de concevoir un être ſimple & exiſtant en tous lieux, a multiplié la race des dieux plus que celle des hommes (*a*): voilà l'origine du Polythéiſme.

(*b*) Tout le monde ſçait que le fameux Panthéon de Rome, contenoit trente mille Idoles; mais tout le monde ne ſçait pas de même qu'il y a dans le royaume d'Arrakan, des Temples où l'on honore vingt mille Dieux; *voyez* Hiſt. générale des voyages, *tome*

Il est absurde de s'imaginer qu'il y ait eu des peuples entiérement dépourvus de culte (*a*); les Alains, par exemple, n'avoient ni temples, ni autels; mais ce peuple, destructeur par religion, adoroit une épée nue fichée en terre (*b*).

---

33. & que Kaempfer compta au Temple de Taibots, 33333 Idoles. *Voy.* le voyage de Kaempfer au Japon.

(*a*) Tous les peuples ont exercé les pratiques du culte extérieur; on peut s'en convaincre en lisant les coutumes des anciens Orientaux dans le More Nevokim de Maimonide, & dans la Bibliotheque orientale de d'Herbelot; les usages des anciens Perses dans Hyde; ceux des Syriens, Babyloniens, &c. dans la regle des temps de Marsham; ceux des Asiatiques, Africains & Américains, dans l'Histoire générale des Voyages.

(*b*) *Voyez* Ammien Marcellin, *Liv.* 31.

Il faut conclure des abus de la religion naturelle, qu'elle a toujours existé. Je puis mutiler la Vénus de Médicis ; mais Phidias n'en a pas moins fait ce chef-d'œuvre de sculpture. Au reste, il s'est trouvé chez tous les peuples, des sages qui ont exprimé d'une maniere sublime, les idées sublimes qu'ils avoient conçues de la divinité.

Voici quelques mots du Pantangan, ouvrage célebre des Indiens de Carnate : J'adore cet esprit qui n'est sujet ni au changement, ni à l'inquiétude, cet Etre dont la Nature est indivisible, l'origine & la cause de tous les êtres (a).

Représentez-vous, dit un célebre

(a) Recueil d'Observations sur les mœurs des Asiatiques, &c. Tome 3. ch. 7.

Philosophe Indien, un million de vases remplis d'eau, sur lesquels le soleil répand les rayons de sa lumiere : l'astre est unique, cependant il se multiplie en se réfléchissant un million de fois ; les vases sont nos corps : le soleil représente la Divinité, & l'image du soleil peint dans chaque vase nous donne une idée de l'ame.

Zoroastre définit ainsi l'Etre suprême : Dieu a la tête d'un épervier. (Il vient de parler d'après le vulgaire Persan, il va parler ici d'après lui-même). Il est le plus ancien de tous les êtres, éternel, uniforme, source de tous les biens, meilleur que tout ce qui est bon ; plus sage que tout ce qui est sage ; il tient de lui-même son existence, ses perfections & son empire sur l'univers (a).

___

(a) *Voyez.* Eusebe, préparation évangélique.

Orphée a des idées aussi sublimes que Zoroastre, & il a osé les exprimer en vers ; jamais la poësie ne mérita mieux qu'alors le nom de langage des dieux.

Les vers suivans donneront peut-être, quelqu'idée de ce monument précieux de l'antiquité :

Ce dieu, peuple du Nil, qui regne sur vos maîtres
Est lui seul la racine, & la tige des êtres ;
Sa main soutient le ciel, la terre & les enfers ;
La matiere & l'esprit partagent son essence,
Il unit les anneaux de cette chaîne immense
Qui de l'astre à l'atome embrasse l'univers ;
De l'être organisé, sa voix produit le germe,
Il en est le principe aussi bien que le terme ;
Le sage de Memphis l'apperçoit tour à tour

Dans le flambeau des nuits, & dans l'astre du jour;
La terre de son sein déployant la parure,
L'onde qui rafraîchit l'émail de la verdure,
Le feu qui de nos sens entretient la vigueur,
Tout aux yeux éclairés peint un premier moteur,
Dieu vient comme un époux féconder la Nature,
Il s'annonce aux ingrats, mais en les foudroyant;
Il parle, & ses décrets font passer sans murmure
Ou du néant à l'être, ou de l'être au néant (*a*).

―――――

(*a*) Ζεὺς πρῶτος γένετο ζεὺς ὕςατος ἀρχικέραυνος

Ζεὺς κεφαλή, ζεὺς μέσσα. Διος δ' ἐκ πάντα τέτυκται.

Ζεὺς πυθμὴν γαίης τε ϗ ὐρανῦ ἀςεροεντος.

Le peuple, les conquérans & le tems plus destructeur encore, mêlerent des absurdités à l'ancienne Théo-

---

Ζεὺς ἄρσην γένετο, ζεὺς ἄμβροτος ἔπλετο νύμφη.

Ζεὺς πνοιὴ πάντων, ζεὺς ἀκαμάτου πυρὸς ὁρμὴ.

Ζεὺς πόντου ῥίζα. Ζεὺς ἥλιος, ἠδὲ σελήνη.

Ζεὺς βασιλεὺς. Ζεὺς ἀρχὸς ἁπάντων ἀρχιγένεθλος.

Παντας γὰρ κρύψας αὖτις φάος ἐς πολυγηθὲς

Ἐξ ἱερῆς κραδίης ἀνενέγκατο μέρμερα ῥέζων.

Fragment d'Orphée cité dans la fameuse lettre d'Aristote à Alexandre sur le systême du monde, *Cap.* 7, art. 1.

Bien des critiques prétendent que ce qui nous reste des Hymnes d'Orphée, est d'une main étrangere ; mais qui auroit pu supposer un morceau aussi élo-

gonie Égyptienne ; mais le college des prêtres conferva long-tems, fans altération, la doctrine d'Orphée ; il exifte encore aujourd'hui une infcription en l'honneur d'Ifis, conçue en ces termes : *A toi qui étant un, es tout ce qui exifte* (*a*) ; c'eft le précis des vers fublimes du légiflateur d'Egypte.

Il y a un peu loin de l'infcription d'Ifis & des vers d'Orphée au culte des oignons & des crocodiles ; mais les Philofophes de Memphis ne régloient point leur culte fur celui du peuple ; ils fentoient affez qu'il n'y a rien de commun entre lui & la vérité.

―――――――――――

quent que celui que je viens de traduire ; j'aimerois autant croire avec le pere Hardouin que l'Enéide de Virgile & les Odes d'Horace ont été compofés par des moines du treizieme fiecle.

(*a*) Syftem. intellect. de Cudworth, *pag.* 412.

Aucun Philosophe n'a, peut-être, mieux exprimé l'idée de Dieu que Mahomet; il le définit d'une maniere sublime, en ne le définissant point: Dieu est Dieu, dit-il, & Mahomet est son prophete. Quand les traducteurs ont rendu ainsi cette célebre profession de foi, il n'y a qu'un Dieu & Mahomet est son prophete, ils ont prouvé qu'une idée saine de la Divinité leur étoit aussi inconnue que le langage de l'Alcoran.

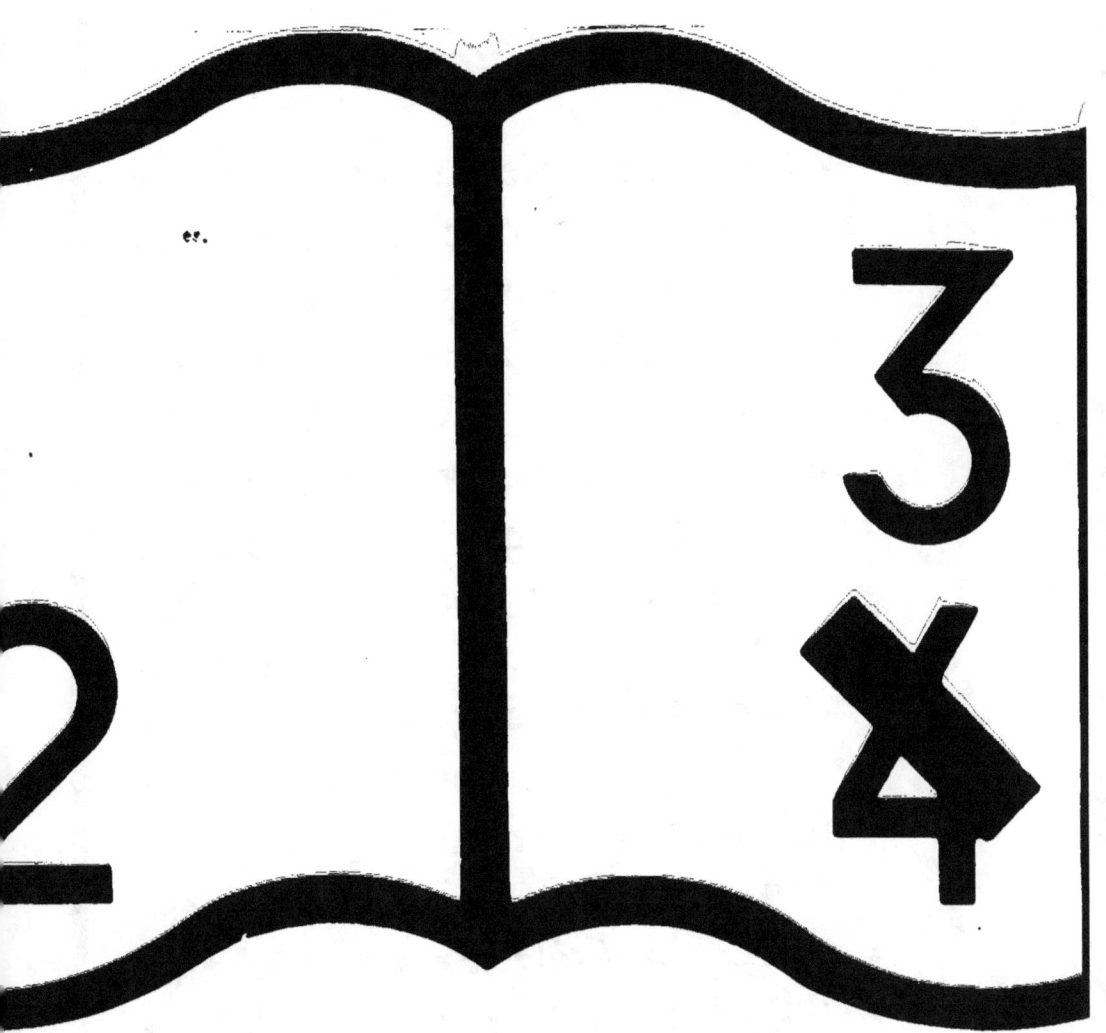

Des Guanches.

Tous les peuples n'ont pas abufé de la religion naturelle ; on conçoit aifément qu'il peut y avoir des climats fortunés, où on ne voie point de Sertorius qui faffe parler fa biche, de prêtres qui vendent fes oracles, & de fots qui perfécutent les hommes éclairés, parce qu'ils font Phyficiens. Dans de telles contrées les princes font religieux, le peuple eft philofophe & les miniftres des autels font citoyens.

On ne parlera point ici des peuples que la révélation a empêché de s'éloigner de la Nature, ou qu'elle y a ramenés ; ces moyens fublimes font trop au-deffus de la raifon pour les expofer dans un ouvrage qui n'eft confacré qu'à la raifon.

S'il y eut jamais un peuple refpectable fur la terre, ce font les Guanches. Tandis que prefque toutes les nations étouffoient l'inftinct moral, fous un vil amas de fuperftitions, les Infulaires des Canaries adoroient la Nature & n'adoroient qu'elle feule (*a*). Fi-

----

(*a*) Voyages de Perfe, &c. par Herbert : Ouvrage traduit de l'Anglois. On appelle Guanches, les reftes refpectables de ces anciens Infulaires ; la terre qui les porte a fubi mille révolutions, & leurs mœurs n'ont point changé. Tous les voyageurs s'accordent dans le portrait qu'ils font de ce peuple extraordinaire ; la plupart s'abftiennent de manger de la chair & de boire du vin : auffi leurs corps & leur ame confervent

deles aux douces impreſſions de leur divinité, ils ne répandoient le ſang d'aucun être vivant, & ils s'en abſtenoient, même dans leurs ſacrifi-

---

beaucoup plus long-temps que parmi nous, l'uſage de leurs facultés ; leur agilité eſt telle, que les Italiens, qui exécutent dans nos ſpectacles les plus ſingulieres voltiges, ne ſont auprès d'eux que des écoliers foibles & timides ; on les voit quelquefois ſauter de rochers en rochers pour atteindre les gazelles à la courſe : ils ſe ſervent pour cela d'une pique longue de neuf ou dix pieds, & avec cet appui ils s'élancent au-delà d'un torrent, briſent les coins d'un roc où ils ſe tiennent, quoique ſouvent l'eſpace n'ait pas trois pouces de large, & paroiſſent ſuſpendus au-deſſus des plus affreux précipices. Un Gouverneur Eſpagnol en fit un jour renfermer vingt-huit dans le belveder d'un château ſitué ſur un rocher eſcarpé ; mais pendant la

ces. Tant que ces Philosophes de la Nature furent attachés à son culte, on observe qu'il ne se commit jamais parmi eux de grands crimes. Les Européens les ont subjugués, & ils sont devenus aussi vils que leurs conquérans.

---

nuit ils franchirent les murs, s'élancerent au-delà des abymes, & retournerent dans leur retraite inaccessible, toujours libres & toujours dignes de l'être. *Voyez* les voyages d'Herbert, *pag.* 5; Cadamosto, cité par Ramusio, *Tome* 1, *pag.* 99. &c, & sur-tout le Docteur Sprat. *histor.* Of the Royal, Society, *pag.* 213, &c.

On peut remarquer que les Anciens appelloient les Canaries *Isles fortunées*; ils n'avoient en vue que leur climat; ils auroient été bien philosophes, s'ils avoient eu en vue leur Religion.

D'un Fragment singulier de Bardesane.

Eusebe nous a conservé ce passage d'un Philosophe de Syrie. *Chez les Seres, la loi défend le meurtre, le libertinage, le larcin, & toute espece de culte religieux; ainsi dans cette vaste contrée on ne voit ni temple ni fille de joie, ni adultere, ni voleur, ni assassin, ni empoisonneur* (a). On ne voit pas d'abord quel rapport il peut y avoir entre la débauche & le culte religieux, entre des prêtres & des filles de joie; cependant avec

---

(a) *Apud Seras lex est quâ cædes, scortatio, furtum & simulacrorum cultus omnis prohibetur; quare in amplissimâ regione non templum videas, non lenam, non meretricem, non adulteram, non furem in jus raptum,*

un

un peu de réflexion on découvre un grand sens dans ce passage de Bardesane. Le terme latin qui répond à celui de culte religieux, ne peut désigner que ces pratiques superstitieuses que nous avons appellées du nom d'idolâtrie; d'où il s'ensuit que la législation des Seres autorisoit le Théisme, & que le peuple étoit sans

---

non homicidam, non toxicum. Fragment de Bardesane, dans Eusebe, prépar. évang. *Lib.* 6, *cap.* 10. Bardesane entend-il par les Seres, les habitans du pays de Sertem, ou les Tartares Mantchoux, ou même les Chinois? Lucain place ce peuple vers les sources du Nil; Pomponius Mela, au centre de la Scythie; & Pausanias, au-delà de la Mer rouge. Heureusement toutes ces discussions de Géographes sont très-inutiles quand il s'agit de discuter des questions de morale.

Tome I. E

cesse ramené par ses souverains à la loi de Nature.

Il n'y a que deux sens à donner au passage de Bardesane; ou les Seres rendoient à l'Etre suprême un hommage pur & dégagé des entraves de la superstition, ou ils regardoient son existence comme une chimere; il faut en faire des Athées ou des Philosophes.

Mais il en est des Athées dans l'ordre moral, comme des monstres dans l'ordre physique; il est aussi impossible qu'un grand nombre de personnes s'accordent à nier l'existence de Dieu, qu'il l'est, qu'une mere engendre constamment des enfans à deux têtes; un peuple d'Athées contredit plus les loix de la Nature, qu'un peuple d'Hermaphrodites.

Ne faisons des Seres ni des sages, ni des monstres; ce seront alors des enfans dans l'ordre moral, qui auront des besoins, plutôt que des connoissances, & qui posséderont la faculté de l'intelligence, sans être intelligens.

Mais ces sauvages enfans n'ont pu avoir d'autres enfans pour législateurs. Dès qu'on suppose l'économie politique établie dans une société, il faut convenir que la plupart des membres qui la composent ont franchi l'intervalle qui sépare les simples sensations des connoissances. Un code de loix ne peut devoir sa naissance qu'à des principes abstraits de métaphysique sur l'amour de l'ordre : si ces loix sont écrites, leur auteur est censé posséder un bien plus vaste dépôt de connoissances; car de l'art de penser à l'art de parler, & de-là à l'art d'écrire, il y a un intervalle immense, qu'une révolution de plusieurs siecles suffit à peine pour remplir. Ainsi le titre de stupide est incompatible avec celui de législateur, & le mot de législateur avec celui d'athée.

Quand même nous placerions Diagoras à la tête du corps politique, le sens forcé, donné au passage de Bardesane, n'en paroîtroit pas moins absurde. Il n'est point de l'intérêt d'un monarque athée de gouverner des Athées : si ses sujets ne craignent point un Dieu, comment voudront-ils avoir un maître ?

De plus, conçoit-on des loix établies pour ordonner l'Athéisme ? Les Sceptiques qui ont trouvé tant d'Athées parmi les hommes, n'ont pas imaginé que ce dogme destructeur, pût être inséré dans un code. Le Sénat Romain proposa un décret pour permettre à César de jouir de toutes les dames romaines; un Stathouder de Hollande mit autrefois un impôt sur l'air qu'on respire; le grand Lama ordonne aux Tartares d'adorer ses excrémens : mais il n'est encore entré dans l'esprit d'aucun despote de ravir le ciel à ses peuples; un tyran commanderoit plus efficacement le suicide à chacun de ses sujets que l'Athéisme.

C'est assez réfuter une hypothèse trop absurde pour être dangereuse. Si Bardesane a bien observé, & si Eusebe a bien entendu l'esprit du texte qu'il traduisoit; il faut convenir que le législateur des Seres avoit l'ame sublime de Platon & de Zoroastre, sans avoir l'inconséquence de ces grands hommes; il faut supposer aussi que le peuple qu'il gouvernoit étoit encore bien proche de la Nature, puisque loin de persécuter les Philosophes, il le devenoit lui-même.

Si les Seres étoient les Chinois, on comprendroit aisément comment le Théïsme fut quelque tems la religion de ce peuple. Le sage Congfutsée étoit Théiste, & les lettrés le sont encore aujourd'hui; il suffit donc d'admettre un empereur ami de ces Philosophes pour autoriser la vérité historique de la loi de Bardesane (*a*);

―――――

(*a*) Voici un Empereur qui seroit digne d'avoir imaginé une telle loi. Le P. le Comte rapporte dans les lettres édifiantes, que la stérilité étant répandue depuis sept ans dans toutes les provinces de l'Empire, ce Prince rassembla tous les Grands de sa Cour, se dépouilla des marques de sa dignité suprême ; & que s'étant prosterné neuf fois en présence de tout son peuple, du côté de

& la Chine dut savoir gré à ce prince d'avoir substitué le culte naturel des êtres intelligens au Polythéisme des adorateurs de Foë, à la magie des sectateurs crédules de Laokium, & aux fourberies sacrées des Bonzes.

Tandis qu'une foule de peuples

---

l'Orient, il adressa cette priere à l'Etre suprême :

« Souverain Maître de l'Univers, tu
» n'ignores pas les désastres de cet Em-
» pire ; mes crimes ont peut-être attiré
» sur mes sujets le fléau qui les fait
» gémir, & je viens en faire l'aveu à
» la face du ciel & de la terre. Quelle
» réforme, grand Dieu ! exiges-tu de
» l'esclave couronné qui implore ta clé-
» mence ? L'abondance & la délicatesse
» des mets qui couvrent ma table, ont-
» elles attiré la disette ? la plus austere
» frugalité y régnera désormais. Le Pa-
» lais que j'habite insulte-t-il par sa ma-

retréciffent l'idée de Dieu à la hauteur de leur imagination, préferent les préjugés à la Nature, & pour se rendre plus vils deviennent perfécuteurs; on s'arrête avec plaifir fur les Guanches & fur les Seres, comme après avoir traverfé les fables brûlans

» gnificence à l'honnête indigence du
» jufte que tu proteges ? demain il fera
» renverfé. Eft-ce l'étendue de mon ferrail qui t'a fait déployer ta fureur
» vengerefle ? je vais brifer les portes
» d'airain qui renferment les compagnes
» de mes plaifirs, & leur rendre la
» liberté, quand elles devroient n'en
» jouir que pour leur infortune. Si mes
» prieres ne fuffifent pas pour t'appaifer,
» je m'offre pour ta victime; frappe-
» moi & épargne mon Empire. Je confens que la foudre tombe fur ma tête,
» pourvu que la pluie tombe en même
» temps fur ces campagnes : il ne me

du Zaara ou du Bilédulgerid, un voyageur s'assit avec délices aux bords d'une fontaine limpide, qui coule sous des palmiers & fait trouver le jardin d'Eden proche du tombeau de la Nature.

» reste que la mort pour m'acquitter » envers mon peuple & envers toi ».

Voilà un dévouement bien supérieur à celui de Codrus; je ne vois que Marc-Aurele parmi les anciens, & Henri IV parmi les modernes qui eussent osé l'imiter.

Des Parsis.

Un Philosophe qui étudie l'histoire des hommes ne peut se défendre d'un mouvement d'indignation, quand il voit que la réputation d'un peuple entier dépend souvent des clameurs du fanatisme ou de l'opinion erronée de la stupidité. Est-on grec ? le reste de la terre est peuplé de barbares. L'Europe veut-elle désigner des nations immenses qui ont un culte différent du sien ? ce sont des idolâtres. L'Espagne entreprend-elle de justifier le meurtre réfléchi des habitans du Nouveau-Monde ? ils étoient antropophages.

Un homme vil fait imprimer un livre, où pour flatter sa nation, il déchire les autres ; si le prince a befoin des talens de cet impofteur, il le protege: la calomnie fe répand avec rapidité; l'étranger l'adopte & la poftérité la répete, jufqu'à ce que dans un coin de la terre, paroiffe un ami de la vérité qui faffe entendre fa voix contre celle du public, & ofe indiquer aux fiecles futurs la juftice qu'ils doivent rendre ou le crime qu'ils doivent réparer.

J'ai fait ces réflexions à l'occafion des Parfis, hommes refpectables, qu'on ne connoît en Afie que fous le nom infâme de Guèbres, qui défigne des apoftats & des fodomites.

Ces Parfis font reftés depuis près de trois mille ans, attachés au culte du feu, à la doctrine des Mages & à la légiflation de Zoroaftre; la Perfe pendant ce tems-là a fubi mille révolutions; fon trône a été vingt fois renverfé; trois religions font devenues tour à tour dominantes dans l'état; mais l'orage n'a frappé que les rois & les prêtres, & il a toujours respecté les disciples de la Nature.

Les ennemis même de ces hommes pacifiques, rendent justice à la pureté de leur morale; ils entretiennent le feu sacré, symbole de la divinité, mais ils ne l'adorent pas. (a)

(a) Il y a cependant des superstitieux chez les Parsis, comme il y en a dans tous les cultes de la terre; les petits esprits qui suivent la doctrine de Zoroastre, n'oseroient jamais éteindre le feu, quand même il consumeroit leurs maisons. Ces petits esprits sont en petit nombre; mais c'est par eux qu'on juge la nation: c'est la méthode éternelle des fanatiques & des persécuteurs.

M. Anquetil, qui a voyagé en philosophe dans l'Inde, rapporte que de son temps les Parsis de Surate étoient divi-

amis de la liberté, mais ennemis des diffensions civiles, par-tout où ils font tolérés, ils obéiffent à la loi des princes; fimples, mais décens dans leur habillement, on ne voit parmi eux ni mendiant qui faffe gémir l'Humanité, ni financier qui l'écrafe; ils ont les mœurs de la Nature, au milieu des peuples qui la font oublier.

Les dogmes des Parfis peuvent s'allier avec tous les gouvernemens; ils regardent comme des actes de vertus de planter un arbre & de faire un

―――――――――

fés en deux fectes qui fe haïffoient avec fureur. Voici le fujet de la grande querelle de ces fectaires: Il s'agiffoit de fçavoir fi une piece de lin de neuf pouces en quarré, devoit ou ne devoit pas être mife fur le nez des agonifants. Ces Parfis fréquentent beaucoup les Européens.

enfant : aussi l'agriculture est en honneur parmi eux; mais ils ont en horreur le célibat. Cette aversion est si profondément enracinée dans leurs esprits, qu'ils regardent le titre de célibataire comme un opprobre; & si un de leurs enfans meurt sans avoir été marié, ils donnent de l'argent à un de leurs concitoyens pour lui faire épouser le cadavre.

Ces Parsis ont épuré le dogme de la Métempsycose ; ils ne tuent jamais les animaux qui sont utiles à l'homme ; mais s'ils ont eu des foiblesses, ils s'engagent à les réparer en exterminant les insectes mal-faisans & les animaux destructeurs : ils sont peut-être les seuls hommes de la terre qui rendent la satisfaction des crimes privés utile au genre humain.

Zoroastre est un des législateurs des Parsis, mais n'a point fondé leur religion, dont le berceau touche à celui du monde ; ce grand homme si révéré en Asie est peu connu en Europe ; Cluvier l'a pris pour Adam, Procope pour Abraham, Grégoire de Tours pour Sem, Huet pour Moyse ; mais il est lui-même, il est Zoroastre.

Les préceptes qu'il a donnés à ses disciples, ne sont que le développement de la loi naturelle ; ce qu'il y a ajouté prouve l'étendue de ses lumieres & la supériorité de son génie. Il a osé dire dans le Sadder : ô hommes ! sçachez oublier les injures. Souffrez que le flambeau des sciences vous éclaire. Portez avec hardiesse la vérité jusqu'au trône des souverains. Il y a encore des contrées, où de tels principes rendroient des particuliers odieux au gouvernement; mais Zoroastre étoit roi de la Bactriane.

Les Parsis conservent encore les livres de Zoroastre (*a*); mais comme ils sont écrits dans la langue sacrée des Mages, ils ne peuvent les lire.

―――――――――――

(*a*) Zoroastre, dit-on, fit deux millions de vers; c'est beaucoup; si j'en jugeois comme poëte, je conclurois qu'il n'y en a pas un seul de bon; mais je n'examine ici ce philosophe que comme législateur, & je pense qu'il eut raison d'écrire son code en vers, pour qu'on en retînt plus aisément les préceptes; & sur-tout de ne point donner à sa poésie trop de sublimité, afin que le vulgaire n'eût pas besoin de son génie pour l'entendre. L'ouvrage attribué à Zoroastre, est à Paris, dans la Bibliotheque du Roi; M. Otter en avoit commencé la traduction, mais on l'en détourna à cause des fables qui y étoient répandues. Ce Sçavant pouvoit répondre à ses critiques: 1°. Qui vous a dit que ce que vous appellez des fables, ne sont pas des allé-

La même chose arriva autrefois aux Egyptiens ; cependant les effets n'en furent pas les mêmes : nos Parsis n'ont point altéré la doctrine de Zoroastre, mais les habitans de Memphis adorerent leurs hiéroglyphes.

Un homme de bien obscur est un demi-dieu pour les Parsis ; il n'en est pas de même d'un conquérant ; ils regardent comme des monstres Alexandre & Mahomet (a). Au reste, leurs ancêtres ont tant souffert des victimes du héros de Macédoine &

―――――――――――――――

gories orientales ? 2°. Zoroastre n'a-t-il écrit que des fables ? 3°. Les fables que vous imprimez tous les jours avec succès dans vos Romans, ne valent peut-être pas celles qui sont répandues dans l'Evangile de l'Orient.

(a) Voyage de Chardin, Tome 2, pag. 180.

de la religion destructive des Musulmans, qu'on pourroit leur pardonner d'être sensibles, quand même on ne les loueroit pas d'être justes.

Des Lettrés de la Chine.

Les Grecs commençoient à peine à se policer, Rome n'étoit pas sortie de ses fanges, & nous étions encore des barbares foibles & inconnus ; lorsque la Chine formoit déja un empire immense, peuplé de sages, appuyé sur des mœurs & gouverné par ses loix (a) ; cependant ses

---

(a) Il faut bien croire que la Chine est une colonie Egyptienne, puisque le célebre Huet l'affirme, *Histoire du commerce & de la navigation des Anciens*, pag. 49 ; puisque M. de Guignes le soutient dans un Mémoire cité dans l'Histoire Universelle Angloise, Tome 13, pag. 31 ; & que le sçavant Abbé Barthélemi confirme ce sentiment dans un

annales, il y a deux cens ans, n'étoient point encore parvenues en Europe, & nous avions le fiecle dernier des hiftoires univerfelles, où le

---

autre Mémoire lu à l'Académie des Belles-Lettres, en 1763. Perfonne ne refpecte plus que moi l'autorité de ces Sçavans; mais nous combattons tous pour la même caufe, c'eft-à-dire pour la défenfe de la vérité; & mes erreurs même me ferviront d'excufe.

La nature de cet ouvrage m'oblige à refferrer les preuves de mon opinion; je me contenterai feulement de faire quelques objections à des Sçavants que je combats avec peine, quoique je n'en aie aucune à les admirer.

L'Egypte n'a jamais été affez peuplée pour envoyer des colonies à deux mille lieues des bords du Nil; les peuples du Nord n'en ont jamais tant fait, quoique leur climat favorife beaucoup plus la population. Comme la Chine renferme

nom de la Chine ne fe trouvoit pas même une feule fois.

Les Chinois de tems immémorial adorent un être principe qu'ils nom-

---

encore aujourd'hui autant de monde qu'il y en a dans l'Europe entiere, j'aimerois mieux croire qu'elle a envoyé une partie de fes citoyens en Egypte, que de penfer que les fanges du lac Mœris ont peuplé les campagnes riantes de Macao & de Pékin.

La colonie Egyptienne n'a pu fe rendre au Catai fans traverfer l'Arabie, la Perfe, l'Inde & une partie de la Tartarie ; je veux croire qu'elle ne s'eft point arrêtée dans l'Arabie qui eft déferte de tems immémorial, ni dans les landes immenfes de la Tartarie, qui eft encore inculte aujourd'hui, quoique la Chine ait fubi le joug des Tartares ; mais la Perfe & l'Inde n'étoient-elles pas des contrées affez grandes pour épuifer toutes les colonies Egyptiennes ?

ment *Tien* ; la croyance de l'immortalité de l'ame & celle de la providence est renfermée dans tous leurs livres canoniques, & la religion na-

---

Supposons avec les Poëtes qui ont si long-tems tenu lieu d'historiens aux Grecs, que Thebes avoit cent portes, & qu'elle faisoit sortir par chacune dix mille hommes armés ; étendons le même calcul aux autres parties de l'Egypte ; mais le royaume des Pharaons & des Ptolémées, n'a que deux cens lieues de long sur cinquante de large ; & il y a des provinces dans l'empire du Mogol, qui seules ont autant d'étendue. L'Egypte n'est qu'un point dans la vaste étendue de pays qui la sépare de la Chine, & on veut que ce point ait couvert la surface du quart de notre continent.

Pour rendre vraisemblable l'opinion de mes adversaires, il faudroit que l'Egypte, la Perse & l'Indostan, eussent été contraints par la multitude innom-

turelle est celle des lettrés & du gouvernement.

Ce culte simple & auguste de l'Etre suprême se perpétua sans mélan-

---

brable de leurs habitans, à permettre de tems en tems des émigrations ; mais les calculs qu'on feroit sur ce sujet, seroient démentis par la raison : les Sçavans créent les hommes à coups de plumes, mais la Nature marche à ses fins avec plus d'économie.

Si l'Inde & la Perse avoient été peuplées avant la Chine, cette grande vérité seroit déposée dans les fastes de ces nations ; mais le contraire est arrivé. La Chine avoit des rois, des législateurs & des livres, avant que les nations qui la séparent de l'Egypte, sçussent faire usage du ris, & eussent des pagodes.

Il est donc impossible que l'Egypte ait envoyé par terre ses adorateurs des Ibis & des Oignons, à la Chine, qui

ge de Polythéifme, pendant plus de deux mille ans ; le tribunal des rites n'étoit occupé qu'à réprimer les fuperftitions étrangeres, & les princes

de tems immémorial, n'adore que le *Tien*.

On peut les faire voyager par mer, en fuppofant que les Phéniciens, qui dans ces tems reculés étoient les feuls navigateurs de notre continent, ont bien voulu leur fervir de conducteurs ; mais il faut pour rendre cette opinion plaufible, s'embarquer dans un océan d'hypothèfes.

Comment les Phéniciens, fans bouffole, ont-ils fait un trajet qui fait trembler aujourd'hui les fucceffeurs des Magellan & des Anfon ?

Il eft fort fimple qu'ils aient traverfé le grand lac qu'on appelle la Mer rouge, & le détroit de Babelmandel ; mais dès qu'une fois ils font entrés dans la grande mer des Indes, quelle route ont-

ne croyoient pas avoir besoin de tenir les esprits de leurs sujets dans l'esclavage, pour être plus absolus sur leurs personnes.

---

ils suivie ? Colomb, dans une circonstance semblable découvrit l'Amérique : mais ce grand homme avoit une boussole, mais il soupçonnoit l'existence de ce vaste continent, & cependant il fut sur le point d'être jetté dans la mer par son équipage.

Qu'on ne m'objecte point ici le célebre voyage d'Hannon : ce hardi Carthaginois dit lui-même, que le dernier pays où il aborda, n'est pas plus loin de ce que nous nommons le détroit de Gibraltar, que ce détroit ne l'est de Carthage. Ajoutons que le grand nom de Montesquieu n'a pas même donné à son Périple quelqu'authenticité.

Si les Phéniciens se sont écartés dans la pleine mer, ils ont dû être arrêtés par les isles de la Sonde, ou même par l'Archipel des Maldives.

Si on veut avoir un tableau de l'âge d'or des Chinois, qu'on life ce fragment du Philofophe Lao-Che-Netfée. *Les anciens rois n'avoient ni*

───────────────

S'ils n'ont fait que côtoyer l'Afie; avant d'avoir traverfé la mer d'Arabie & le détroit d'Ormus, doublé la grande prefqu'Ifle de l'Inde, & parcouru les golphes de Bengale, de Siam & du Tonquin, pour arriver à la mer des Philippines, ils ont dû être au moins quatre ans à leur premier voyage, & cette conftance eft bien héroïque dans un peuple qui ne connoiffoit pas même la Chine de nom.

Mes adverfaires, pour rendre leur fyftême vraifemblable, l'appuient particulierement fur la conformité de l'écriture hiéroglyphique, en ufage en Egypte & à la Chine; mais comme les premiers caracteres des langues originales ont dû être la peinture groffiere des objets qu'on vouloit défigner, il s'en-

sceptre, *ni couronne ; ils gouvernoient l'empire en l'entretenant dans une paix éternelle : portés à la bienfaisance par la Nature & par l'éducation, ils nour-*

───────────────

suit que chez toutes les nations primitives on n'a d'abord commencé à écrire qu'en hiéroglyphes ; Cortez a trouvé de pareils symboles au Mexique : les *quipos* du Pérou sont des especes d'hiéroglyphes. Dira-t-on que l'Egypte a fondé le trône des Yncas & l'empire de Motezuma ?

Je passe sous silence une foule de preuves qui viennent à l'appui de mon opinion, parce que mon but est de défendre la vérité & de ne blesser personne.

Cette note effarouchera peut-être les lecteurs superficiels ; mais les Philosophes qui appercevront dans quel esprit ce livre est écrit, me sçauront gré de n'avoir pas effleuré une question qui peut servir d'appui à ce qui précede, & de base à ce qui suit.

rissoient tous les êtres utiles, & ne saisoient mourir aucun homme ; ils donnoient sans cesse & ne recevoient rien ; les peuples, sans les reconnoître pour maîtres, portoient au fond du cœur leur vertu ; le ciel & la terre gardoient alors une constante harmonie ; la Nature déployoit avec plaisir les trésors de son sein ; les animaux ne soupçonnoient pas que leurs petits deviendroient mal-faisans ; le tien & le mien étoit banni de la société, & le vaste empire du Catai ne formoit qu'une seule famille (a).

(a) Ce fragment cité par Lopi, est rapporté dans un extrait des historiens Chinois, qui se trouve à la fin du 6e. Volume de l'origine des loix de Goguette. Remarquez que ce tableau se rapporte au regne de Hoenetune, fondateur de la quatrieme Dynastie ; & jugez, entre moi & les détracteurs, de l'antiquité des Chinois.

Cependant le Théifme ne peut guere fubfifter fans altération parmi un peuple immenfe. Un nommé Laokium, qui fe vantoit d'avoir habité quatre-vingts ans dans le fein de fa mere, vint apporter à la Chine les dogmes d'Épicure, le délire de la magie, & la fcience prétendue des partifans de la pierre Philofophale. A ce vieil enfant fuccéderent des Bonzes, qui amenerent des Indes le dieu Foë, efcorté de toutes les fuperftitions des rives du Gange (a)

───────────

(a) On peut juger du crédit de ces Bonzes fur l'efprit du vulgaire, par cette anecdote que le P. le Comte rapporte dans fes mémoires. On m'appella, dit-il, pour baptifer un vieillard de 70 ans ; cet homme ne m'eut pas plutôt apperçu qu'il fe jette à mes pieds, & me dit : ô mon pere, je vois en vous mon libérateur ; les

& de tout l'appareil du plus monſtrueux Polythéiſme. Les Tartares maîtres de la Chine, y ont porté le culte des excrémens du grand Lama; mais les Lettrés n'ont jamais ſubi les

---

Bonzes qui ſont fort inſtruits de ce qui ſe paſſe dans l'autre monde, m'aſſurent qu'après ma mort, mon ame paſſera dans un des chevaux de poſte de l'empereur: dans cette idée, ils me recommandent de ne point ruer, de ne jamais broncher & ſur-tout de ne bleſſer perſonne. Courez légérement, me diſent-ils, mangez peu, ſouffrez ſans vous plaindre, & vous attirerez ſur votre tête la bénédiction du dieu Foë, qui d'une bonne bête fait ſouvent un homme de qualité & un Mandarin de la premiere claſſe. J'aime le ſervice de l'empereur, mais l'idée d'entrer un jour dans ſon écurie me remplit d'effroi; cette image affreuſe me pourſuit toutes les nuits; dans mon ſommeil il me ſemble être déja ſellé, bridé, & prêt à

atteintes de la contagion. Lorsque tout l'édifice de la religion s'écrouloit autour d'eux, ils ont conservé sans tache les dogmes de la Nature; & le Philosophe remonte aisément des superstitions populaires de la Chine, jusqu'au Théisme des Lettrés; comme un voyageur traverse les dé-

---

partir au premier coup de fouet du postillon; je me réveille couvert d'une sueur froide, & je ne sçais si je suis encore homme ou cheval. Hélas! que deviendrai-je, quand au songe succédera la réalité? On m'a dit, mon pere, que ceux de votre religion ne sont point sujets aux loix barbares de cette Métempsycose; daignez m'y admettre, afin que je ne cesse jamais d'être homme.

Le vieillard fut baptisé, & les Bonzes perdirent les aumônes, que ces rêveries absurdes devoient produire à leur couvent.

F iv

serts arides & brûlans de la Syrie, pour arriver aux ruines superbes de Palmyre.

Lorsque la doctrine primitive commençoit à s'altérer, parut Congfutsée le Philosophe des rois, & peut-être le roi des Philosophes: ce grand homme rappella ses concitoyens au culte naturel de l'Etre suprême, dissipa les nuages que la superstition avoit élevés sur la morale ; apprit aux rois à vivre pour leurs peuples, & aux peuples à mourir pour leurs rois ; il mourut, & le prince qui gouvernoit la patrie s'écria : *le Ciel n'est pas content de moi, puisqu'il m'enleve Congfutsée.* Parole digne d'un roi élevé dans le portique, s'il avoit été l'ami de Platon.

Les Lettrés s'honorent tous du titre de disciples de Congfutsée; ce qui n'a pas empêché la tourbe des voyageurs de les ranger dans la classe des Athées (a). En 1710, l'empereur Cang-Hi, instruit qu'on calomnioit dans l'Europe la religion de ses peres, rendit un édit qui fut inséré dans les archives de l'empire, & où

(a) Ces hommes qu'on réfute assez en les nommant, appuyoient leur calomnie sur le mot de *Tien*, qui signifie dans le sens primitif, le maître de l'univers; dans le sens physique, le ciel matériel, & dans le sens allégorique, l'être qui a du pouvoir. Mais je demande si dans tous les cultes on n'est pas sujet aux mêmes reproches? Ne disons-nous pas : *le ciel est irrité*; comme nous disons : *le ciel est nébuleux*. Racine a dit :

Je crains Dieu, cher Abner, & n'ai point d'autre crainte.

Et moi serai-je un Athée, si je dis :

Le pieux Antonin fut un dieu sur la terre.

les dogmes de l'unité de Dieu, de l'immortalité de l'ame, & de la providence, reçoivent le plus grand degré d'authenticité (*a*). Malgré cette célebre profession de foi, on a encore renouvellé cette affreuse calomnie; mais au moins le poison n'est plus fatal qu'au serpent qui ose le distiller.

(*a*) *Voyez* l'histoire de la Chine du P. du Halde, *Tom. 3, pag. 38, & suiv.*

Des Quakers.

Si l'on pouvoit séparer un moment la révélation, qui fait un des fondemens du Quakérisme, de ses principes naturels, je n'hésiterois pas à citer ces sectaires après les Guanches, les Parsis & les Lettrés de la Chine.

Les Quakers doivent leur nom (*a*) & leur réputation à quelques usages

---

(*a*) L'enthousiasme religieux, dit M. Hume, étant trop fort pour les foibles nerfs de ces sectaires, jetta leurs prédicateurs en des convulsions, qui leur firent donner le nom de Quakers ou de Trembleurs. *Histoire de la maison de Stuart*, Tom. 4, pag. 323. Un Quaker dans le temple ressemble un peu à la Pythie de Delphes sur son trepié : mais on ne s'avise point de payer ses oracles.

absurdes qu'ils ont adoptés, & non aux services essentiels qu'ils rendent au genre humain. Ils portent tous un habit sans plis & un chapeau sans ganses ; quelques-uns tombent fréquemment en extase & appellent le Saint-Esprit au milieu des convulsions. Voilà des singularités aux yeux des Philosophes ; mais ils suivent dans la vie les principes de la morale la plus pure ; ils refusent de tremper, de quelque maniere que ce soit, leurs mains dans le sang des hommes ; ils voudroient nous ramener tous à l'égalité primitive de la Nature, & c'est une singularité encore plus grande aux yeux des gens du monde.

Le Quaker est un sectaire pieusement absurde, qui fait consister sa philosophie à inspirer les mœurs & à choquer les usages ; c'est Diogene qui éclaire les Athéniens du fond de son tonneau.

Ces sectaires regardent la guerre, comme un outrage fait à l'Humanité; ils croient avec les Parsis, les Guanches & les Lettrés de la Chine, que l'homme de la Nature doit toujours être en paix; ils ne se battent jamais, non pas, parce qu'ils sont des lâches, mais parce qu'ils ne sont pas des tigres. Ces principes paroissent hardis, mais ils ne peuvent gueres être réfutés que par les sophismes de Hobbes, & les manifestes de la plupart des rois.

Leurs dogmes sur l'égalité primitive ne sont pas destructeurs; ils tutoyent tout le monde, mais ils ont plus d'humanité que le courtisan qui complimente; ils voudroient que la terre entiere ne formât qu'une démocratie, mais ils obéissent à des rois; ils condamnent les impôts, & les payent. Les Quakers n'exciteront jamais de troubles dans les états; mais s'ils étoient souverains, le monde n'en seroit pas plus mal gouverné.

Tel est le portrait de ces singuliers sectaires. Croiroit-on cependant que David Hume, le Tacite de l'Angleterre, a osé leur donner le nom de fanatiques (*a*)? Comment la belle ame de cet écrivain a-t-elle adopté une calomnie? Comment un appréciateur si éclairé du mérite des hommes, a-t-il donné le nom de fanatique à l'éternel ennemi du fanatisme?

(*a*) *Voy.* Histoire de la maison de Stuart, Tom. 4. pag. 325. & ailleurs. Cet auteur a peint les Quakers avec exactitude, & les a mal définis.

Le Quakérifme ne s'eſt pas répandu ſans obſtacle. On joua les premiers ſectaires ſur les théâtres de Londres : Charles I les perſécuta ; Cromwel tenta de les corrompre ; mais ils mépriſerent la ſatyre, refuſerent les guinées & braverent les tourmens.

Les Quakers prirent naiſſance en 1642 ; le fils d'un artiſan, Georges Fox, en fut le fondateur : c'étoit un enthouſiaſte ſans talens ; mais on ſçait qu'il ne faut pas beaucoup de génie pour conſoler les malheureux & pour prêcher aux hommes la morale de la Nature.

Ce Fox, homme du peuple, vit bien qu'il ne tireroit ſes proſélytes que de l'ordre du peuple ; il eut recours à des extaſes, il ſuppoſa des révélations, il tenta même d'opérer des prodiges ; cependant il étoit dupe, plutôt que fripon. Auſſi Cromwel, à qui il reſſembloit tant, ne put en faire ni un fanatique, ni un régicide.

Fox ne fit que préparer les matériaux du grand édifice du Quakériſme : cet enthouſiaſte avoit rompu, d'une main tremblante dans un animal dégénéré, les chaînes de la domeſticité. Après lui vint un homme de génie, qui lui apprit à faire uſage de ſes facultés & lui rendit toute l'énergie de ſa nature.

Cet homme qui eut l'art de métamorphoſer des enthouſiaſtes en philoſophes, eſt Guillaume Pen ; ce Solon Anglois étoit fils d'un Vice-Amiral de la Grande-Bretagne. Le gouvernement lui céda en 1680, la ſouveraineté d'une province du Nouveau-Monde, ſituée au Sud du Maryland. Le monarque Quaker donna à ses états le nom de Pensylvanie, bâtit la ville florissante de Philadelphie, rassembla dans ses murs une colonie des nouveaux sectaires, se fit adorer des Américains, & réalisa, peut-être, la république de Platon.

Pen, qui pouvoit être roi de la Pensylvanie, se contenta d'en être le législateur. La premiere de ses loix est remarquable; elle ordonne de regarder comme son frere tout être qui croit un Dieu. L'Amérique étonnée, compara ce grand homme avec Pizarre & Cortez; & elle soupira sur la cendre de dix millions d'hommes égorgés dans son sein par le fanatisme.

Hommes durs & insensibles, qui protégez les loix barbares qui vous ont fait despotes; raillez les Quakers & leurs admirateurs, mais ne les persécutez pas: défendez les loix des hommes, mais respectez la loi de la Nature; & sçachez que quand la tombe aura mis de l'intervalle entre vous & vos adulateurs, la postérité ne balancera pas à mettre Pen au-dessus du vulgaire des rois !

Réflexion.

Des ennemis du Christianisme ont affirmé que la religion naturelle n'avoit jamais été l'appanage que d'un petit nombre de Philosophes ; on peut maintenant porter son jugement sur ce paradoxe.

Des lecteurs d'un ordre supérieur porteront leurs vues encore plus loin, quand ils verront que depuis les Parsis, que je cite, & les Noachides que je ne nomme pas, jusqu'à nos jours, les principes de la morale éternelle n'ont jamais cessé d'être observés, ils admireront un culte qui touche à la création, & apprendront à ne jamais blasphêmer le nom de la Nature.

ARTICLE II.

Examen de l'abus du principe de la Bienveillance univerſelle.

Tous les peuples ont ſenti qu'on ne ſçauroit avoir la paix avec ſoi-même, ſi on eſt en guerre avec les hommes ; mais quelques légiſlateurs ont pris pour affermir ce principe de bienveillance, des moyens qui le détruiſent ; ils ont rendu par leurs crimes mêmes un hommage ſolemnel à la Nature.

Je vais citer quelques voyageurs & des hiſtoriens, qui ont peut-être encore moins d'autorité ; mais je ne me rends point garant de la vérité des faits qu'ils expoſent ; comme critique, je les révoque en doute; comme Philosophe, je les suppose, & je les fais servir au triomphe des loix naturelles.

Le desir de prévenir les dissensions des familles qui sont liées avec les troubles politiques des états, a pu engager les législateurs des Agathyrses (*a*), des Massagetes (*b*), & des habitans des isles Canaries (*c*) à tolérer l'horrible coutume de se servir des femmes en commun. Une conséquence mal tirée du principe de la bienveillance universelle a fait anéantir à ces peuples le plus beau nœud que la Nature ait formé en-

---

(*a*) *Vid.* Pomponius Mela, *Lib.* 3.
(*b*) Hérodote, à la fin du *Liv.* 1.
(*c*) Le voyage de Perse & des Indes orientales de Herbert; traduction Françoise.

tre deux individus : le seul qui serve à la fois à la conservation du genre humain, à sa tranquillité & à ses plaisirs.

Le citoyen voit dans la multiplication de la race humaine la grandeur & la force de la patrie ; le politique y voit la culture de ces immenses déserts, qui pourroient avoir d'autres habitans que les bêtes féroces : le Philosophe y voit l'immensité de Dieu, aussi-bien peinte dans ses créatures que son intelligence ; & tous ces motifs réunis ont pu engager Lycurgue à permettre à ses Spartiates de prêter leurs femmes à leurs concitoyens, quand la vieillesse ou les blessures les avoient rayés du nombre des hommes (*a*) ; cette aveu-

―――――――――――――

(*a*) *Vid.* Plutarch. vit. Lycurgi. Les

gle bienveillance a effacé l'adultere du nombre des crimes dans les isles Molucques (*a*). Elle a même pu dicter aux Parthes & aux Arméniens la loi féroce, qui accordoit une entiere impunité à celui qui tuoit son fils, sa fille ou son frere, encore à marier, quoique dans l'âge nubile (*b*).

Quand les petits souverains du royaume de Juida sur la côte des esclaves, ont ordonné que les deux

---

Rois seuls n'étoient point soumis à cette loi.

(*a*) Argensola, histoire des Molucques, *tome* 1. L'opinion de ces Insulaires, est que la propagation du genre humain doit être le premier objet de la politique.

(*b*) *Voyez* les Auteurs cités par Pufendorf, droit de la Nature & des Gens, *Tome* 1. *Livre* 2.

sexes restassent nuds, jusqu'au moment du mariage, sous le prétexte d'assurer la paix parmi leurs sujets, en ôtant le voile qui couvroit leurs imperfections (a), ils ont violé les mœurs pour établir la bienveillance.

A Lacédémone, à Rome & à Pékin on faisoit périr les enfans mal constitutionnés (b). Les Moxes enterrent leurs fils quand leur mere vient à mourir (c). Les Hottentots qui ne demandent aux personnes qu'ils épousent, d'autre dot que la

---

(a) Hist. génér. des Voyages, Tome 14, Liv. 10.

(b) Plutarque, vie de Lycurgue; les satyres d'Horace, & les lettres du P. du Halde.

(c) Recueil d'observations sur les mœurs des peuples d'Asie, &c. Vol. 4, Chap. 1.

beauté;

beauté; les Hottentots, dis-je, de deux filles qui naissent en même-tems, égorgent sans scrupule la plus laide (*a*): enfin dans l'isle de Madagascar, l'usage est établi de distinguer les jours heureux ou malheureux, & d'égorger tous les enfans qui naissent dans ces derniers (*b*). Tous ces usages, s'ils existent, sont des preuves barbares de l'amour des peres pour leurs enfans : ces hommes féroces ont calculé pour ces malheureuses victimes les biens & les maux de leur vie, & ils ont conclu qu'il valoit mieux pour eux ne pas exister, que d'exister dans l'indigence ou dans l'opprobre.

―――――――――

(*a*) Hist. générale des Voyages, Tom. 18, mœurs des Hottentots.
(*b*) Ibid. Tome 32.

Le même raisonnement a pu accélérer la mort des vieillards dans certains climats. Chez les Bactriens (*a*), & les Hyrcaniens (*b*), ces malheureux étoient exposés à la voracité de quelques chiens qu'on élevoit pour les déchirer.

Les Herules (*c*) que la vieillesse ou quelques maladies avoient rendus infirmes, s'étrangloient eux-mêmes.

Parmi les habitans de Taprobane il y avoit une loi, portant qu'on ne devoit vivre qu'un certain nombre d'années, après quoi il falloit aller gaiement se coucher sur une herbe

---

(*a*) *Plutarch. de fortuna Alexandri.*

(*b*) Eusebe, Préparation Evangélique, *Liv.* 1, *Chap.* 4.

(*c*) Procope, hist. des Goths, *Liv.* 2, Chap. 14.

venimeufe qui tuoit fans douleur (*a*).

Dans l'ifle de Céos une loi pareille ordonnoit aux citoyens qui avoient paffé foixante ans, de s'empoifonner avec de l'aconit, afin que les autres euffent de quoi vivre (*b*).

Les légiflateurs de tous les pays que je viens de citer, ont cru qu'on ne devoit plus être quand on ceffoit d'être utile à la fociété.

Enfin, il n'eft peut-être pas incroyable que les habitans d'Angola antropophages mangent jufqu'à leurs propres amis, en leur difant, qu'ils ne fçauroient mieux exprimer leur amitié pour eux, qu'en uniffant leurs corps d'une maniere infépara-

---

(*a*) *Diod. Sic.* Lib. 2, Cap. 5.
(*b*) *Srab. Geograph.* Lib. 10.

ble (*a*) : on peut appeller cette action un héroïsme horrible d'amitié.

Quand je vois que d'un côté l'amitié engage Pylade à se laisser immoler pour sauver la vie à Oreste, & que d'un autre côté la même amitié porte un Africain à devenir le tombeau vivant de ce qu'il a de plus cher ; j'admire la raison humaine & je la plains.

Si je voulois encore fatiguer ma plume du récit des horribles coutumes qu'a produites, en tout tems, l'imagination dépravée des hommes, Epicure, peut-être, en concluroit que nous n'avons aucune notion du juste & de l'injuste. Et moi j'en conclus que nous sommes nés pour la société.

(*a*) Voyage de Perse & des Indes orientales, par Herbert. Trad. Françoise.

ARTICLE III.

Réflexion politique.

Un état, dont la législation ne s'accorderoit pas avec ces deux principes primitifs de la bienveillance universelle, & du culte de la Divinité, seroit, comme on le voit, un état contre nature, & le prodige qui le forma seroit nécessaire à chaque instant pour le conserver; mais un législateur peut mettre une telle barriere entre ces deux loix, qu'on puisse politiquement être infracteur de l'une, sans donner atteinte à l'autre; il peut séparer le code divin du code civil, de maniere qu'on puisse paroître en même tems, & l'ami des hommes & l'ennemi de Dieu.

S'il se trouvoit une législation qui formât une liaison intime entre la religion & la politique, où les crimes contre la société devinssent des crimes de lese-majesté divine; où enfin le grand principe de la bienveillance générale découlât nécessairement du culte de l'Etre suprême; je la regarderois comme le chef-d'œuvre des législations.

Ce qui me confirme encore dans mon opinion, c'est l'utilité qui en résulteroit pour le genre humain. L'homme sera plus vertueux, quand le ciel & la terre se réuniront pour lui prescrire l'observance de la vertu. Un homme qui a deux chaînes ne soupire point après une liberté qui lui seroit funeste; celui qui n'en a qu'une, se sert de la main qu'il a libre pour délier celle qui ne l'est pas.

CHAPITRE VII.

Principe naturel sur l'Etre suprême.

Il existe une suprême Intelligence: voila le premier principe que nous dicte la Nature sur ce qui n'est pas nous-mêmes.

Cette vérité universellement reconnue par tous les hommes qui n'ont pas eu intérêt de la contester, a été envisagée sous une multitude de faces. Les plus grands Philosophes se sont appliqués à en constater l'évidence; d'autres, moins éclairés, l'ont soutenue par des preuves aussi foibles que leur génie; mais alors les échaffauds se sont écroulés & l'édifice est resté.

Cicéron regardoit le consentement universel des peuples, comme la preuve la plus triomphante de l'existence de Dieu (a). Descartes accoutumé à penser profondément, lui préféroit le grand argument tiré de l'idée que nous avons de l'infini (b). Newton qui connoissoit le ciel, comme s'il n'avoit jamais cessé de l'habiter, proposoit le mouvement des planettes comme la plus forte démonstration contre l'Athéisme (c). Je ne parle point du sage Fontenelle, qui ne sembloit frappé que de

―――――――――――

(a) Tusculan. *Lib.* 3.

(b) Médit. métaphysiques, & Traité de l'homme.

(c) Newt. Optiks III. Book Query 31.

l'induction qu'il tiroit de la génération des animaux pour prouver un être générateur (a) : mais comment Maupertuis a-t-il pensé ramener tous les Athées par une regle d'algebre (b) ? Comment un Philosophe Anglois s'est-il imaginé que Dieu ne parloit à tous les hommes que dans le pli de la peau d'un rhinocéros (c) ?

A Dieu ne plaise que je veuille blâmer les efforts de quelques grands hommes pour affermir une vérité dont il suffit d'être homme pour être convaincu : mais quelles prodigieuses connoissances ne faudroit-il pas pour être intimément persuadé de la

---

(a) Disc. sur l'existence de Dieu, dans le *Tome 3* de ses Œuvres.
(b) Essai de Cosmologie.
(c) Transact. philosoph. N°. 470.

preuve de Cicéron ? il faudroit avoir le génie de Newton pour sentir la force de son argument ; enfin, il faudroit être Dieu lui-même, pour voir avec évidence la démonstration de Descartes.

Non, non, il ne faut être ni Métaphysicien, ni Naturaliste, ni Géometre pour avoir une idée intime de l'existence d'un Être suprême ; c'est la Nature qui instruit tous les hommes de ce principe par l'organe du sentiment. Le Caraïbe & le Hottentot n'ont jamais raisonné comme Clarke & Malebranche, cependant ils sont aussi persuadés qu'il existe une intelligence supérieure, que les Orateurs fondés par Boyle ou la faculté de Sorbonne.

Oui, tous les hommes sentent la nécessité d'admettre une Divinité qui les protége. L'homme heureux desire de voir continuer sa félicité; l'homme qui ne l'est pas, desire de la voir commencer.

Et quel seroit, grand Dieu! l'asyle de cet infortuné que la tyrannie opprime à force ouverte, ou que l'ignorance condamne sous le voile de la justice, s'il n'étoit point de Dieu qui le dérobât aux fureurs de l'homme? la Philosophie qui enseigne à abuser, meneroit alors au bonheur, plutôt que celle qui enseigne à se priver pour jouir; & Néron qui embrase sa patrie, seroit plus sage que Codrus qui expire pour elle.

Le plus sage des Athéniens est accusé d'avoir parlé contre les dieux: quel sera le juge entre Athenes & Socrate? cette même divinité qu'Aristophane blasphême en la défendant, & que le Philosophe défend encore en expirant. Auſſi le ſage perſuadé qu'il eſt un Être qui juge les juſtices humaines, voit ſans frémir ſon exiſtence ſe diſſoudre; & en buvant la ciguë, il ſe croit plus heureux que les pâles calomniateurs qui la lui préſentent.

En vain cherche-t-on à ſe faire illuſion à ſoi-même: tout nous dit que la grandeur de l'homme ne doit pas ſe borner à la petiteſſe de ce globe; la vie eſt pour la moitié du genre humain une nuit orageuſe, & pour l'autre, elle n'eſt qu'un inſtant de ſommeil; il eſt donc néceſſaire pour le bonheur de l'Humanité entiere que cette vie ne ſoit que l'aurore d'un jour éternel.

Qu'il eſt frappant ce contraſte de l'innocence opprimée dans une partie de l'univers, & triomphante dans l'autre ! C'eſt ainſi qu'on voit en Laponie (a) les campagnes couvertes d'une neige éternelle, tandis que l'air brille de mille feux ; l'été eſt dans le ciel, & le plus affreux hiver regne ſur la terre.

Si j'avois le monſtrueux ſcepticiſme de Diagoras & de Vanini, je frémirois encore d'en faire part au genre humain ; je ne voudrois pas arracher de ſes yeux le bandeau qui lui cache l'horreur de ſon ſort ; & par humanité je rebâtirois d'une main l'édifice que je renverſerois de l'autre : heureuſement toutes les lumieres de mon eſprit & toutes les facultés de mon ame, ſe réuniſſent à me

---

(a) *Voyez* le voyage de M. de Maupertuis en Laponie, Tome 3 de ſes Œuvres.

perfuader l'exiftence d'un premier moteur; fans cette idée primitive la vertu n'eft qu'un nom, la confcience un préjugé, & la Nature un phantôme; ainfi je ne fuis point homme, s'il n'eft point de Dieu.

Digression sur une calomnie de Bayle, de Locke, &c. contre le genre humain.

Deux Philosophes ont fait une liste nombreuse des peuples accusés d'Athéisme (*a*); cette preuve seroit la plus forte en faveur du système monstrueux du Pyrrhonisme, si ceux qui l'admettent étoient de bonne foi.

──────────

(*a*) *Voyez* Bayle, pensées sur la Comete & continuation; & Locke, Essai sur l'entendement humain, *Liv.* 1. *Chap.* 3. J'ai lu encore plus de voyageurs que ces deux Philosophes; & je ferois la liste bien plus étendue, si j'avois l'esprit crédule, le cœur faux, & le desir de l'anéantissement.

J'ai examiné ce sophisme avec toute la simplicité d'un ami de la vérité, & je suis sorti de cet examen plus pénétré que jamais de l'existence de l'Être suprême, plus sûr que Ravaillac ne partage pas avec Henri le Grand, l'éternité de la mort & du repos, plus convaincu que ma tombe ne communique pas au néant.

J'ai vérifié avec soin tous les passages des auteurs cités par Bayle & par Locke (*a*); & il m'a paru que ces critiques & leurs garants s'accordoient à calomnier le genre humain.

(*a*) Cet ouvrage ne comporte pas une discussion étendue ; je ne citerai dans cette note que trois de mes remarques.

Bosman demande aux negres de Cabo-Monte quelle est leur religion ? Ils lui répondent qu'elle consiste à obéir à leur roi. *Lettre* 22. Mais ces negres ne sont pas Athées ; ils adorent véritablement

Plutarque, Strabon, & Diodore de Sicile ne difent point j'ai vu, & quand ils auroient vu, il étoit fage de douter encore.

―――――――――――

leur roi, qu'ils croient fils du foleil & frere de la lune.

On a cru les Chinois Athées, parce que le Pere Martini dit: *Sinic. hiftor. Lib. 1.* que la langue de ce peuple, malgré fon abondance, n'a point de terme qui défigne Dieu. 1°. Le P. Martini a mal vu, & Freret qui connoiffoit fi bien la Chine, & dont on ne s'avifera pas de récufer ici l'autorité, le contredit. *Voyez Mémoires de l'Académie des Infcriptions.* 2o. Les Hébreux n'avoient pas de terme particulier pour défigner Dieu; & il n'étoit pas permis de prononcer le nom de Jehovah, qui n'exprime qu'un de fes attributs: les Hébreux étoient-ils des Athées?

Charles le Gobien *Hiftoire des ifles Mariannes, pag.* 64, fait des Athées de

Acosta, Dapper, Maffée, Thevenot & Schouten, &c. ne sont point autorité parmi les voyageurs, encore moins parmi les Philosophes.

Ces voyageurs qui voient par-tout tant d'Athées, ne citent point les auteurs des nations qu'ils déshonorent ; cependant c'étoit eux qu'ils devoient consulter, plutôt que des marchands d'esclaves ou des matelots.

Comment des commerçans, qui venoient enlever du sucre & de la cochenille, ou échanger du verre contre des hommes, se seroient-ils occupés à converser avec les auteurs d'une nation, avec ses sages & ses

---

ces Insulaires, & il reconnoît en même tems qu'ils admettent l'immortalité de l'ame. Il y a là une contradiction manifeste, & je dois en accuser le voyageur plutôt que les Insulaires.

législateurs ? s'ils ignoroient leur langue, comment pouvoient-ils les interroger ?

En supposant que quelques sauvages ont avoué qu'ils ne reconnoissoient point de Dieu, il falloit encore examiner quel étoit le motif qui les faisoit parler ainsi. Je vais me faire entendre : un homme de lettres tient en Italie des propos libres sur la religion ; un inquisiteur fait des poursuites contre lui, & l'accusé pour se dérober au supplice, dit : qu'il proteste également contre toutes les religions de la terre. L'homme de lettres est un fourbe prudent, mais n'est pas un Athée.

L'Athéisme suppose une longue suite de raisonnemens faux : veut-on donc me persuader qu'un Caffre ou un Chichimécas sont des hommes à système ?

Ne suffit-il pas qu'il se trouve dans un vaisseau Européen deux ou trois fanatiques, pour supposer sans religion des hommes qui n'ont pas la leur ?

Si ces peuples d'Athées étoient encore barbares, il n'y avoit que des Philosophes qui pussent les faire expliquer ; s'ils étoient éclairés, il n'y avoit que leurs sages qui eussent droit d'être leurs interprêtes.

L'accusation d'Athéisme est la plus grave qu'on puisse faire à des hommes. Si j'étois prince, & qu'on imputât devant moi ce crime à un peuple, je ferois enfermer le dénonciateur comme un insensé, ou je le punirois comme le plus vil des calomniateurs.

Je dirai cependant, à la honte de l'esprit humain, qu'en tout tems on a fait servir avec succès cette accusation absurde & barbare au malheur des hommes à talens, des rois & des sages.

Socrate fut accusé d'Athéisme, pour avoir raillé les mysteres de Cerès & son grand prêtre.

L'Empereur Fréderic II, pour avoir défendu les privileges du trône, contre les attentats des papes.

Le Chancelier de l'Hôpital, pour avoir refusé d'être persécuteur.

Galilée, pour avoir dit que la terre tourne ; Fontenelle, pour avoir traduit l'histoire des Oracles ; Descartes, pour avoir admis des idées innées, & Gassendi, pour les avoir réfutées.

Un pere Hardouin a composé exprès un ouvrage, pour prouver que Paschal, Malebranche, Arnaud, Nicole, le P. Quesnel, le Philosophe

Régis, &c. sont tous des Athées (*a*); & qui sçait si dans la suite, quelque nouveau Bayle ne fera pas servir ce livre extravagant pour augmenter la liste qu'on nous a donnée des Athées vertueux?

―――――――

(*a*) Cet ouvrage absurde a pour titre *Athei defecti*; il se trouve dans la collection des Œuvres de ce Jésuite, connue sous le nom de *Joannis Harduini opera varia*.

La preuve de l'Athéisme du P. Malebranche, c'est que ce grand homme dit, *Recherche de la vérité*, Tome 1, La preuve de l'existence de Dieu la plus belle, c'est l'idée que nous avons de l'infini.

Paschal est rangé dans la classe des Athées, pour avoir dit, *Pensées diverses*, *Tit.* 28, *N°.* 64, Nous ne pouvons aimer ce qui est hors de nous; il faut aimer un être qui soit en nous.....: or, il n'y a que l'être universel qui soit tel.

Il est aisé de créer des Athées, comme des magiciens, avec un trait de plume. On a long-tems écrit contre la sorcellerie ; on a persécuté ceux qui en étoient soupçonnés, on les a brûlés même en France ; ensuite on a été fort surpris de voir qu'il n'y a point de sorciers.

S'il pouvoit y avoir un Athée véritable, ce seroit peut-être un scep-

---

Descartes subit la même accusation pour avoir dit dans la troisieme de ses méditations métaphysiques, *Dei nomine intelligo substantiam infinitam, independentem, & summe intelligentem.*
Observons en finissant cette note, que les méditations métaphysiques de Descartes, ont été brûlées en Italie par la main du bourreau, & que les Œuvres du P. Hardouin n'ont même jamais été mises à l'index.

tique déterminé, qui voyant des difficultés dans tous les cultes, n'en admettroit aucun; ce feroit un sçavant de mauvaife foi, qui ne retireroit de fes vaftes connoiffances, que de nouvelles raifons de douter; ce feroit un fophifte captieux, qui, perfuadé que Dieu fe dérobe également à fes fens & à fon entendement, fe tourmenteroit à en nier l'exiftence; ce feroit un Freret ou un Shaftesburi, & non quelques fauvages, qui loin d'être raifonneurs, foupçonnent à peine l'exiftence de leur raifon.

L'homme fimple juge par fentiment qu'il y a un Dieu; l'homme éclairé le juge également par raifon & par fentiment; il n'y a qu'un raifonneur qui fe faffe Athée.

Mais fi c'eft une témérité de foupçonner d'Athéifme un homme du peuple;

peuple ; comment a-t-on osé faire ce reproche à des nations entieres ? les législateurs avoient-ils quelque intérêt à faire de l'incrédulité la base de leur politique ? Les peuples qui ne se défendoient qu'avec Dieu contre leurs tyrans, ont-ils souffert qu'on le leur ravît ? L'Athéisme est-il devenu une loi nationale ? Non, non, le genre humain n'est point absurde ; mais de grands Philosophes ont été quelquefois calomniateurs, & ce seroit une autre calomnie que d'en faire le reproche à la Philosophie.

ARTICLE PREMIER.

Danger des idées philosophiques sur l'essence de Dieu.

Si l'on interroge un homme du peuple sur l'essence de Dieu, il bégayera par habitude une réponse inintelligible, & croira vous avoir satisfait.—Hyeron fit autrefois la même question à Simonide : ce sage demanda un tems fort long pour y réfléchir ; au bout du terme, il fit prolonger le délai, & répéta ainsi plusieurs fois le même expédient. Le prince parut étonné de l'embarras de Simonide ; mais le Philosophe répondit, que plus il examinoit le sens de cette énigme, plus elle lui devenoit inintelligible (a). C'est qu'il cherchoit en instruisant le roi de Syracuse, non à être subtil, mais à être vrai. Le problème de l'essence de Dieu n'a point de données ; toute la différence qu'il y a entre l'ignorant & le sçavant qui veulent l'expliquer, c'est que l'un est dupe & que l'autre est fripon.

La Nature nous persuade de l'existence d'une premiere cause ; mais elle ne nous éclaire pas de même sur ses attributs : il faut avoir une Philosophie trop profonde pour calculer les perfections d'un être infini ; ou plutôt ces connoissances hardies sont l'écueil de la Philosophie.

(a) *Cicer. de Natura Deorum*, Lib. 1. D'autres Auteurs mettent cette aventure entre Crésus & Thales. *Voyez* Tertullien *in Apologetico*, cap. 46.

Il me semble que l'intelligence de l'homme, qui calcule si bien les merveilles des productions de la Nature, est bien peu faite pour analyser ses principes. La Physique qui rend compte avec tant de sagacité des phénomenes de l'électricité, ignore la nature de l'élément qui les fait naître ; les Harvey, les Leuwenhoeck & les Buffon ont été peres, ont même analysé les plaisirs de la jouissance, sans avoir développé les mysteres de la génération : Newton même, le grand Newton, qui a surpris si souvent la Nature dans ses opérations, a-t-il jamais expliqué pourquoi tout gravite dans l'univers, & d'où vient cette force projectile qui fait décrire des ellipses aux planetes ?

Comment donc a-t-on osé assigner à Dieu des qualités humaines, qui seroient en lui des imperfections ? Comment lui a-t-on donné des attributs qui nous relevent, mais qui le dégradent ? Par quel crime absurde l'homme a-t-il créé Dieu ?

Nous disons Dieu est sage, Dieu est juste, Dieu est intelligent : & quand nous avons épuisé notre imagination pour en donner une idée sublime, il se trouve que nous n'avons formé qu'un homme parfait.

Dieu est un être intelligent ; mais concevons-nous une intelligence sans les organes qui lui permettent de se développer ? Concevons-nous une intelligence qui ne soit pas limitée ? En faisant Dieu intelligent, nous ne lui donnons donc que notre foible intelligence.

Dieu est bon ; mais la bonté n'est qu'une suite de la sensibilité de notre nature : or, Dieu ne peut avoir des attributs qui dépendent de l'union de l'ame & du corps, sans être corporel ; ainsi, si l'homme est bon, Dieu ne l'est pas.

Dieu est libre ; mais la liberté se définit le pouvoir de faire ce qu'on ne fait pas, ou de ne pas faire ce qu'on fait : or, si Dieu se détermine par la nécessité de sa nature, il cesse d'être libre ; s'il se détermine par la puissance des objets, il cesse d'être indépendant.

Notre ignorance coupable, paroît encore plus dans les attributs métaphysiques que les Philosophes donnent à la Divinité. Que signifie pour nous ce mot d'infini, que nous ajoutons à tous les titres dont nous le gratifions ? Quelle idée avons-nous de l'infini ? N'est-ce qu'une progression illimitée du fini ? mais une suite même illimitée de nombres finis, ne sçauroit former un nombre infini. L'infini n'est-il qu'une négation du fini? mais une négation n'est rien. Ainsi quand nous disons, suivant les lumieres de notre foible intelligence, Dieu est infini, nous sommes ou absurdes ou blasphémateurs.

Montagne (*a*), Locke (*b*), Robinet (*c*) & d'autres sages (*d*), se sont élevés contre la témérité des moralistes, qui veulent juger de l'essence d'un être qui ne se fait con-

---

(*a*) Essais de Mich. de Mont. apologie de Raymond de Sebonde.

(*b*) Essais Philos. sur l'entend. hum. Liv. 2, ch. 23.

(*c*) De la Nature, *Tome second, cinquième partie.*

(*d*) Guillaume King, Evêque de Londonderry dans un traité intitulé : *de origine Mali.* On pourroit aussi citer S. Gré-

noître à nous que par son existence; ils ont plus respecté la Divinité en ne la définissant point, que leurs adversaires en la chargeant de titres absurdes ou contradictoires.

Les termes inintelligibles que nous employons pour exprimer des attributs inintelligibles (*a*), décelent ou

---

goire de Nazianze, *orat.* 35; S. Augustin, *Lib.* 2. *de Ordin.* & même Lactane, cité pour ce sujet dans l'ouvrage de Warburton, sur l'union de la religion, de la morale & de la politique, *Tom.* 2, *pag.* 113.

(*a*) C'est une nécessité pour les sçavans & pour les ignorans, de ne pouvoir discourir de Dieu, sans mettre des mots à la place des idées qui leur manquent; & il semble que ce soit un malheur attaché à cette substitution, de n'avoir plus d'autre idée de la Divinité, que celle que présentent ces mots. *De la Nature*, *Tom.* 2, *pag.* 47.

le délire de notre raison, ou notre pente à l'antropomorphisme : ce que je vais dire n'est donc point un paradoxe ; il y a un sens, ou dire que Dieu est sage, est un blasphême égal à dire avec l'Egypte que Dieu est un crocodile.

L'homme du peuple donne son corps à la Divinité ; le Philosophe vulgaire lui donne son esprit : tous les deux sont antropomorphites.

L'Egypte, qu'Hermes a rendu plus célebre à mes yeux que ses pyramides, eut quelque tems des idées saines sur l'essence de la Divinité ; on voyoit sur la statue d'Isis, dans son temple de Saïs, cette inscription.— *Je suis tout ce qui a été, tout ce qui est, & tout ce qui sera ; & nul mortel n'a encore levé le voile qui me couvre (a).*

―――――――――――――――――

(a) Plutarch. de Iside & Osiride.

Il y a peut-être plus de vrai sublime dans cette inscription, que dans toute l'ancienne bibliotheque des Ptolémées.

La Nature nous dit: Dieu existe; elle ajoute: il faut l'adorer en silence.

ARTICLE II.

Abſurdité des idées populaires ſur l'eſſence de Dieu.

Les Philoſophes ont attribué à Dieu, dans un degré éminent, les qualités qu'ils tenoient de la Nature; c'eſt une abſurdité ſans doute: mais que penſer des peuples, qui preſqu'en tout tems lui ont fait partager ſes propres imperfections: vouloient-ils dégrader Dieu? non; mais ils vouloient relever l'homme.

Ces Germains, que Tacite a rendus célebres, mais qu'il auroit moins vantés, ſi Rome avoit été plus vertueuſe, n'eurent point ſur la religion des idées plus ſaines que les peuples qui les environnoient ; ils oserent porter l'esprit républicain jusque dans leur commerce avec la Divinité. Le dieu Thor chez cette nation singuliere, étoit chargé de détourner la grêle & les orages ; les prêtres dans cette intention sacrifioient sur son autel ; & pour rendre son engagement plus authentique, ils faisoient un contrat, & le plaçoient aux pieds de sa statue ; quand la grace étoit obtenue, ils venoient en cérémonie déchirer le traité, & donner au dieu sa quittance (a). On voit que les Germains anéantissoient la divinité, pour conserver la bonne foi.

Le vulgaire a cru pendant longtems les dieux dans une dépendance

---

(a) *Voyez* Brouwer, *de adorationibus.*

réciproque les uns des autres ; cette idée, que le Polythéifme donne de leur fubordination, me paroît étrange. Céfar qui fe connoiffoit mieux en fupériorité que les dieux de la Mythologie, fe croyoit fujet, fi Pompée étoit fon égal. La divinité, comme le defpotifme, n'admet ni rivalité, ni dépendance.

L'abfurdité religieufe a été pouffée encore plus loin ; on a chez quelques nations fubordonné la divinité aux hommes. Le Daivi du Japon loge dans fon palais 366 idoles, qui font tour-à-tour fentinelle autour de fon lit ; quand il paffe mal la nuit, le dieu eft fuftigé & banni de la cour. Au refte, ce prince qui a tant de dieux pour efclaves, n'eft lui-même que le premier fujet du Kubo ; il dérange à fon gré les hiérarchies céleftes, &

n'a pas le moindre pouvoir dans le Japon.

Il est peu de perfections qu'on ait plus contesté à l'Etre suprême, que l'unité : cependant les Polythéistes sont les plus inconséquens des hommes. Deux êtres ne sçauroient exister avec les privileges de la Divinité; si l'un des deux est moins puissant, il n'y en a qu'un qui soit Dieu; si la puissance est égale, il n'y en a point.

Rien ne démontre mieux la dépravation de l'esprit humain, que le fanatisme des peuples, qui firent Dieu aveugle & barbare comme eux. Comment des hommes policés ont-ils pu élever des autels à Saturne, à Teutates, à Vitziliputzili, à ces idoles qu'on ne nourrissoit que de sang humain, à ces dieux qu'il eût fallu étouffer, s'ils avoient vécus parmi les hommes ? Quelle idée me donne-t-on d'un Etre suprême, qui n'inspire d'autres sentimens que la férocité, & qui n'apprend à ses adorateurs à exister, que pour leur apprendre à se détruire ?

De vils déclamateurs ont aussi traité Dieu de tyran, parce qu'il y a des scélérats sur la terre. Eh! quoi! la Divinité devoit-elle, pour plaire à quelques sophistes, dépouiller nos actions de la moralité qui les ennoblit, nous ôter la raison pour prévenir ses abus, & nous créer insensibles afin de nous rendre heureux ?

Il est inutile de s'étendre davantage sur les préjugés populaires qui déshonorent la Divinité, parce qu'ils sont bien moins dangereux que ceux des Philosophes; il suffit de voir les erreurs du peuple, pour s'en garantir; mais pour ne point partager les rêveries d'un Platon, il faut détruire son système.

ARTICLE III.

Conclusion.

Dieu existe ; ce principe me suffit pour m'apprendre à ne jamais cesser d'être homme.

Dieu a des attributs, sans doute ; mais mon intelligence est trop limitée pour les apprétier ; Dieu n'est pas sage, mais plus que sage ; il n'est pas saint, mais plus que saint ; il n'est pas intelligent, mais plus qu'intelligent ; en un mot, il est Dieu : & si je pouvois pénétrer son essence, je serois son égal & il n'existeroit plus.

CHAPITRE VIII.

Principes naturels sur la bienveillance universelle.

Nous diſtinguons toujours dans le genre humain deux objets de bienveillance ; nous-mêmes & les hommes : nous ne ſommes qu'un point dans la vaſte circonférence de l'univers ; il s'agit d'examiner s'il faut laiſſer ce point dans ſa place naturelle, ou s'il vaut mieux le tranſporter au centre du cercle, afin que tout s'y rapporte.

ARTICLE PREMIER.

De la bienveillance envers nous-mêmes.

Tous les êtres dans la Nature paroissent s'aimer, parce que tel est le principe de leur conservation : cette bienveillance paroît distinctement dans les bêtes, depuis l'éléphant jusqu'à cet animalcule, qu'on ne découvre qu'avec le microscope de Leuwenhoeck.

Je ne doute point que les végétaux mêmes ne soient aussi soumis à cette loi, mais d'une maniere plus stricte encore que les brutes : ce phénomene, que la physique a reconnu dans les plantes senfitives, feroit peut-être régardé comme univerfel à tout le regne végétal, fi les Naturaliftes, accoutumés à ne tout voir qu'avec leurs yeux, vouloient voir quelquefois avec les yeux de la Nature.

L'homme s'aime lui-même, parce qu'il defire de fe conferver, & il partage ce motif avec tout ce qui exifte dans la Nature; il s'aime auffi, parce qu'il a la faculté de fe connoître, & c'eft le privilege des êtres intelligens.

Au refte, la raifon qui dirige cette bienveillance, ne la fait pas naître; cette faculté eft l'effet du fentiment, plutôt que de la Philofophie; & je fuis perfuadé que le Groënlandois & le Caffre, s'aiment autant que Locke ou Montefquieu.

On a confondu l'amour de foi

avec l'amour-propre, & cette erreur a rendu insolubles les plus beaux problêmes de la morale; c'est comme si on confondoit la royauté avec la tyrannie, & la religion avec le fanatisme.

L'amour de soi est le ressort qui donne du jeu à nos facultés, c'est le mobile de toutes les vertus; c'est un principe actif qui empêche l'homme de n'être qu'un automate.

La bienfaisance, cette vertu née pour l'homme, qui met le sage au-dessus du conquérant, & qui porte avec soi sa récompense; la bienfaisance, dis-je, est l'effet de cette bienveillance naturelle pour nous-mêmes. En me croyant digne de faire des actes de vertu, j'en deviens plus vertueux; & si je pouvois me haïr moi-même, je haïrois bientôt le genre humain.

Et toi, ô amitié ! charme des grandes ames, toi qui seule justifierois à mes yeux la Divinité, des malheurs du genre humain; divine amitié, c'est en moi-même que j'ose t'aimer : si j'ai quelquefois dans le sein de Pylade, ressenti la vivacité de tes feux, c'est que je retrouvois dans son esprit la copie de mon esprit, & dans son cœur l'image de mon cœur; j'admirois mes vertus dans les siennes, & je trouvois souvent dans ses défauts le pardon des miens.

L'amour de Dieu lui-même est fortifié par l'amour de soi : jamais la belle ame de Fénélon ne me persuadera que ma tendresse pour l'Etre suprême est indépendante de l'intérêt que j'ai d'être heureux (*a*); il n'ap-

---

(*a*) *Voyez* les Maximes des Saints, ouvrage que l'immortel Auteur du Télé-

partient qu'au Quiétiste de s'imaginer qu'il peut aimer Dieu, lorsqu'il gémit sous le poids éternel de ses vengeances. Si l'amour de soi offensoit l'auteur de mon existence, je serois tenté à chaque instant de blasphèmer contre la vertu avec l'assassin de César.

On abuse souvent de l'amour de soi, & alors il dégénere en amour-propre.

L'amour de la gloire peut être considéré sous ce double aspect; il est certain que cette passion est innée; on ne la découvre pas dans le vulgaire, parce que c'est un feu caché sous la cendre & qui ne peut percer son enveloppe; mais il n'en est pas

---

maque eut la foiblesse de faire, & le courage de condamner.

de même de ces fanatiques heureux qu'on appelle des héros ; c'est un incendie qui consume tout ce qu'il rencontre, & à qui l'univers entier sert d'aliment.

Or cet amour de la gloire qui fit de Léonidas un héros aux Thermopyles, & de Socrate un sage dans sa prison, ne produit par exemple, qu'un enthousiasme de férocité dans ces Indiennes qui se brûlent sur le bûcher de leurs époux, & qui cherchent dans le mépris des loix naturelles une estime à laquelle elles ne survivent point.

Cette foule de brigands couronnés, qui n'ont étalé aux yeux de l'univers que des talens destructeurs, sacrifierent les peuples à leur vanité & abuserent de l'amour de la gloire. Ne confondons point Marc-Aurele qui chercha sa célébrité dans la prospérité

périté de Rome avec Scah-Nadir, qui la fit dépendre du désastre de l'Indostan.

Il est une autre gloire plus flatteuse encore pour l'homme qui s'aime, que la gloire des conquêtes; c'est celle que produit un ouvrage de génie à son auteur. Congfutsée eût été moins flatté du titre de législateur de la Chine, s'il n'y eût joint par son Y-king, celui de législateur de la postérité; & peut-être le Platon de la France eût-il préféré la gloire de créer l'esprit des loix à celle de gouverner l'Asie.

On abuse aussi de cette renommée littéraire, quand on écrit pour corrompre les mœurs, ou renverser l'édifice sacré de la religion, quand on emprunte la plume de Pétrone ou celle de la Mettrie.

La plupart des hommes ne dirigent l'amour de foi que vers les plaifirs des fens : il trompe alors l'inftitution de la Nature. Dans ces ferrails Afiatiques où font raffemblées à grands frais les beautés des quatre parties du monde, les Sardanapales qui en font les divinités, facrifient aux facultés de leurs corps énervés les facultés de leur efprit abruti; & c'eft un fpectacle bien fingulier pour un Philofophe, que de voir ces ames de boue favourer des plaifirs qu'ils partagent avec les animaux les plus vils, tandis que l'ame d'un Newton trouve les fiens à découvir les loix réciproques des globes enflammés qui roulent fur nos têtes, & à devenir fur la terre citoyenne des cieux.

D'où vient la volupté des fens qui fait defcendre l'homme, a-t-elle plus d'adorateurs que la volupté de l'esprit qui l'éleve ? c'est que dans la balance de nos facultés la partie animale l'emporte ordinairement sur la partie intellectuelle ; c'est qu'il faut, pour ainsi dire, une force mouvante pour tendre les ressorts de l'esprit, tandis qu'il ne faut qu'une force d'inertie pour goûter les plaisirs du corps ; c'est qu'il est bien plus aisé d'être voluptueux que d'être grand.

C'est principalement dans la vengeance, que se caractérise l'amour illégitime de soi-même ; on goûte un plaisir barbare dans les larmes qu'on fait répandre ; les disgraces d'un ennemi font oublier les siennes propres ; on aime à se regarder comme le Saturne des anciens Carthaginois, dont on ne pouvoit appaiser le courroux que par des sacrifices humains.

Les partisans du Polythéisme firent de la vengeance le plaisir souverain des dieux ; il y avoit peu d'immortels qui ne pût dire comme Atrée :

Du plus puissant des Dieux j'ai reçu la naissance,
Je le sens au plaisir que me fait la vengeance. (*a*)

Le délire des Poëtes & des Mythologistes ne sçauroit justifier un penchant qui tend à troubler l'harmonie de la Nature. Suis-je coupable & puni ? je dois me corriger. Suis-je innocent & persécuté ? je dois dire avec Théodose : vous frappez

---

(*a*) Vers de cette belle Tragédie d'Atrée, qu'on ne joue plus à cause des femmes, ou des hommes qui leur ressemblent.

ma statue, mais je ne suis point blessé.

J'ai prouvé par un assez grand nombre d'exemples que l'amour de soi est la base de tous les vices, comme c'est une source de toutes les vertus. L'homme de bien fait servir cet instinct naturel au développement de ses qualités, & le méchant au progrès de sa scélératesse ; c'est ainsi qu'en Arabie les vipères ont leurs retraites auprès des arbres d'où découle le miel.

Il est aisé de conclure que l'homme doit s'aimer par des sentimens qui conservent son être, & non par ceux qui le détruisent ; & que la bienveillance qu'il se porte est criminelle, si elle altere les nœuds de la bienveillance universelle.

ARTICLE II.

De la bienveillance envers les hommes.

De grands législateurs ont réduit en deux lignes le code des vertus sociales; de sçavans jurisconsultes en ont fait l'objet de leurs énormes compilations; mais l'aride concision n'entre pas plus dans mon plan que l'appareil fastueux de l'érudition. Voici une anecdote qu'on raconta à Maupertuis dans son célebre voyage au pole; je la crois plus utile pour la postérité que ses remarques astronomiques sur le monument de Windso (*a*); parce que l'homme veut

___

(*a*) Ce monument étoit une pierre

être ému encore plus qu'éclairé ; & que le spectacle de l'innocence aux prises avec l'adversité, est plus fait pour le corriger que les plus beaux calculs sur la précession des équinoxes.

---

assez informe, où étoient quelques caracteres qui n'appartiennent à aucune langue connue, & qui semblent moins l'ouvrage des hommes qu'un simple jeu de la Nature. Le Philosophe semble en conclure que l'époque de cette inscription est le tems où le cercle polaire étoit pour ses habitans la zone tempérée ou les tropiques ; calcul qui fait remonter l'âge du monde au moins à vingt mille ans.

LE DALÉCARLIEN,

Anecdote Suédoise.

Un enfant de l'Amour fut abandonné presqu'à sa naissance dans les vastes forêts de la Dalécarlie ; la femelle d'un ours blanc qui avoit perdu ses petits le nourrit de son lait, jusqu'à ce qu'il pût vivre de glands & de fruits sauvages ; mais cette bête féroce ne fut pas si heureuse que la Louve de Romulus ; elle n'allaita ni un Roi, ni un Conquérant, mais seulement un Philosophe (*a*).

(*a*) J'aime mieux le commencement de cette anecdote, que celui de l'his-

Un hasard favorable lui fit franchir, à l'âge de vingt ans, la barriere immense qui le séparoit de la société : voici l'histoire de ses premieres pensées à la vue des hommes ; ses idées étoient philosophiques, mais comme son style ne l'étoit pas, on va l'interprêter.

Tant que j'ai resté dans ma premiere patrie, j'ai cru être le seul de mon espèce ; car je ne ressemblois à aucun des êtres avec qui je vivois dans les bois. Que mon plaisir augmente avec ma surprise ! je revois d'autres moi-même ; mon existence se multiplie, & la Nature

---

toire péruvienne ; un enfant laissé à lui-même ne déprave pas l'ouvrage de la Nature : il deviendra plutôt un Philosophe qu'un Mikimak.

me semble plus belle depuis que je ne suis plus le seul qui soit digne de l'admirer. Par quelle merveille ces êtres qui me ressemblent font-ils naître en moi le plus vif intérêt ? mes regards s'animent tout-à-coup ; mon front se déride ; mon cœur palpite ; je sens que leur bonheur m'est cher, que je ne puis être heureux qu'avec eux.... Mais quel est ce nouvel objet que mes yeux n'avoient pas encore fixé ? est-il d'une nature supérieure à la mienne ? quelle fraîcheur dans son teint? quelle finesse dans sa taille ? quelle douceur dans ses regards ? un mouvement inconnu me fait tressaillir ; une flamme rapide circule dans mes veines ; c'est de ce moment que je sens tout le prix de mon existence... Quel est donc cet être étonnant que mes yeux parcourent avec tant de volupté : je me sens plus fort que lui... Non, il est plus fort que moi ; car je n'aurai pas la force de lui résister... Approchons, tombons à ses genoux ; si c'est un Dieu, il recevra mon hommage ; s'il est mon égal... il le recevra encore. Que j'aurois de plaisir à vivre sous sa loi, à vivre avec lui, à vivre pour lui !

Au premier mouvement du Sauvage, la jeune Suédoise tressaillit, & se déroba par une fuite rapide aux empressemens de ce nouvel adorateur ; elle avoit eu cependant le tems de le contempler à son aise, & il ne lui avoit pas déplu ; la taille du Dalécarlien étoit aussi svelte que la sienne ; le plus léger duvet ombrageoit son menton, & trahissoit son âge ; la teinte même de férocité qu'elle voyoit dans ses traits les faisoit ressortir ; elle sentoit que cet animal singulier pouvoit être apprivoisé, & je ne sçais quel instinct lui faisoit desirer que nul autre qu'elle ne l'apprivoisât.

Les deux freres de cette Suédoise, aussi curieux qu'elle, mais moins timides, resterent pour éclaircir cette singuliere aventure ; cependant le jeune habitant des bois, persuadé qu'il avoit déplu à la belle étrangere, parut quelques momens plongé dans un stupide abattement ; mais la présence de cet objet charmant n'agitant plus ses sens, il revint à lui-même, & l'amant ne fut plus qu'un Philosophe.

Mon cœur, se disoit-il à lui-même, est pour moi un problême inexplicable ; je sens bien que je dois quelque chose à l'ourse qui m'a nourri de son lait ; mais ce sentiment a moins d'attraits & de force que celui qui m'entraîne vers les êtres qui me ressemblent. — Que sçais-je même s'ils n'ont pas été mes bienfaicteurs avant que j'aie pu me connoître ? la bête féroce qui m'a nourri ne m'a point donné la vie ; car ses inclinations sont trop contraires aux miennes ; j'ai toujours frémi quand je lui ai vu déchirer les entrailles palpitantes de ces rennes, qui appaisoient sa faim sans calmer sa voracité ; je n'ai jamais étanché ma soif en buvant le sang des animaux ; j'ai vécu cependant, & je me sens en état de donner le mien pour plaire à l'objet qui me captive & qui me fuit. — Oui, tout me ramene vers ces nouvelles moitiés de moi-même : quoi ! ne peut-il pas se faire que ces êtres qui me sont si chers aient pris pour arriver dans ma forêt le même chemin que j'ai pris pour en sortir ? Si j'en crois leurs traits... si mon cœur ne me trompe point.. O Nature ! réalise mes desirs; fais que je rencontre ici ceux de qui je tiens la naissance ! Ils m'aimeront sans doute, puisqu'un ourse m'a aimé.

Cependant les Suédois s'approchoient insensiblement, & se faisoient part mutuellement de leur surprise; ils étoient aussi étonnés de voir rêver un Sauvage, que celui-ci l'étoit de voir parler des hommes intelligens.

La sympathie si naturelle entre des hommes agit peu-à-peu; on s'apperçut que le Sauvage n'avoit de féroce que l'air & les fourrures grossieres dont il étoit revêtu; & les deux freres l'amenerent moitié de gré, moitié de force, dans leur maison pour examiner à loisir par quel méchanisme un singe pouvoit penser.

L'animal pensif ne tarda pas à se faire aux mœurs de ses nouveaux concitoyens ; il apprit à manger des fruits dont il avoit lui-même semé les germes ; son gosier se fit aux inflexions de la langue Scandinave ; il sentit que d'autres nœuds que la sympathie pouvoient l'attacher à ses pareils ; & déja il s'applaudissoit de connoître l'instinct sublime de l'amitié, tandis que les Suédois ne s'applaudissoient encore que d'avoir apprivoisé un joli singe.

La belle Waldemar, sœur des hôtes généreux du Dalécarlien ne vivoit point avec eux ; cependant son ame habitoit toujours avec le Sauvage ; tous les jours elle venoit examiner la gradation de ses connoissances ; elle croyoit s'enrichir des lumieres qu'il acquéroit ; elle partageoit également l'humanité des maîtres & la reconnoissance de l'éleve; quelquefois leurs yeux se rencontroient, & alors ils ne voyoient qu'eux deux, & toute la Nature étoit oubliée : quand Waldemar revenoit à elle-même, elle paroissoit fâchée qu'on l'eût fixée si long-tems ; mais elle se fâchoit encore plus quand le Sauvage ne la regardoit pas.

Tout ce que le Dalécarlien voyoit, tout ce qu'il entendoit, étoient autant de phénomenes pour lui : il ressembloit, à quelques égards, à un homme qui verroit la lumiere au moment de sa création, & qui douteroit de l'existence de tout ce qu'il voit, par la raison qu'il le voit pour la premiere fois. Un jour qu'il se promenoit dans un vallon écarté, pensant à ce qu'il avoit été pendant vingt ans, & à ce qu'il étoit alors,

& regardant toute sa jeunesse comme un songe funeste dont son bonheur étoit le réveil, il fut frappé tout d'un coup des cris d'un malheureux qu'on assassinoit pour avoir ses dépouilles.— Ces brigands furent arrêtés un an après, & se justifierent dans les tortures, en se disant Philosophes : ils s'attribuoient le droit de corriger l'inégalité physique qui est entre les hommes, & disoient que la loi du plus fort étoit la premiere loi de la Nature ; comme Machiavel l'a enseigné aux rois, & Hobbes au genre humain.

Si le Dalécarlien avoit vu disserter ces scélérats, il auroit été fort surpris qu'il y eût parmi les hommes deux sortes de Philosophie ; mais dans le moment où il entendit la victime se débattre avec les forces du désespoir contre ses assassins, il ne pensa pas même à raisonner ; entendre gémir un infortuné, & voler à son secours, fut pour lui l'ouvrage du même instant : il arriva cependant trop tard pour prévenir le crime ; quand il parut, les meurtriers étoient en fuite, & la victime égorgée. L'Humanité lui arracha alors un soupir ; les barbares ! dit-il en lui-même, ils méritoient de n'avoir d'autre mere que la mienne.

Il s'approche en tremblant du corps ensanglanté, qui palpitoit encore sur la poussiere : il voit......quel spectacle pour un cœur tout neuf, & que le bonheur n'avoit pas encore endurci ! il voit que le malheureux qu'on venoit d'assassiner étoit un de ses bienfaicteurs, le frere de la belle Waldemar ; il se précipite sur le sein de son ami, cherche à étancher le sang qui couloit encore de fa bleffure, & la bouche collée fur la fienne, femble attendre fon dernier foupir, pour l'empêcher de s'exhaler : toutes les reffources de fa tendreffe furent inutiles ; le Suédois expira, & ce qui répandit encore plus d'amertume dans le cœur de fon ami, il expira fans le reconnoître.

Cependant le Sauvage, la terreur dans les yeux, & le défefpoir dans le cœur, dévoroit auprès du cadavre de fon ami tout le fiel de fes réflexions ; je ne me fuis point apperçu, difoit-il, dans mon ancienne demeure, qu'un ours déchirât un ours, ou que l'élan dévorât un autre élan ; l'animal le plus féroce refpectoit fon femblable, & lors même que le foin de fa fubfiftance lui faifoit quitter fon repaire pour attaquer d'autres animaux, il ne s'acharnoit point fur une proie inutile, & fa fureur étoit assouvie, dès que sa faim étoit calmée.....Il raisonnoit encore, quand une troupe d'hommes singuliérement vêtus, s'approcherent de lui; le sauvage Philosophe hâta sa fuite, s'imaginant voir de nouveaux assassins. Il ne se trompoit gueres, c'étoient des Alguazils, chargés par l'État de veiller à la sûreté du peuple. Comme ils étoient mal payés, ils s'entendoient avec les assassins, pour ne les poursuivre qu'après le crime; le public & les brigands étoient également satisfaits; le voyageur seul étoit la victime de cet arrangement; mais on le tuoit d'ordinaire pour l'empêcher de se plaindre.

Le prévôt de ces Alguazils qui vit de loin un corps mort & un inconnu à ses pieds, se douta de la vérité de l'aventure; mais comme il avoit de l'esprit, il n'en témoigna rien,

& voulut se faire auprès du Sénat de Stockholm un mérite de sa vigilance, en arrêtant comme assassin un étranger, dont l'unique crime étoit d'être humain, quand il ne s'agissoit que d'être prudent.

Le Dalécarlien fut saisi & conduit à ses juges; comme il s'énonçoit encore avec peine en Suédois, il se défendit mal; on lui pardonna encore moins de parler sur la sellette avec toute la fierté de l'innocence opprimée; & quoiqu'il n'y eût contre lui que des présomptions, il fut condamné presqu'unanimement à passer le reste de sa vie dans la mine de Coperberit (*a*). Le Sauvage qui dans

---

(*a*) La mine de Coperberit est à quatre journées de Stockholm : voici quelques traits de l'effrayante description que nous en donne un de nos premiers Dramati-

le cours de son procès n'avoit point cherché à fléchir ses juges, mais à les

---

ques.... On découvre cette mine longtems avant d'y être, par la fumée qui en sort de toutes parts, & qui la fait paroître la forge de Vulcain, plutôt que la demeure des hommes..... Nous entrâmes dans la mine par une large ouverture, dont la profondeur empêchoit de voir les ouvriers ; les uns élevoient des pierres, d'autres faisoient sauter les terres ; quelques-uns détachoient le roc du roc par des feux apprêtés pour cet usage...... Nos guides allumerent ensuite des flambeaux de bois de sapin, qui perçoient à peine les épaisses ténebres qui régnoient dans ces lieux souterrains, & ne donnoient de jour qu'autant qu'il en falloit pour distinguer les objets affreux qui se présentoient à la vue... L'odeur du soufre vous étouffe ; la fumée vous aveugle, la chaleur vous accable: joignez à cela le bruit des marteaux

éclairer, après son arrêt ne les maudit pas, & se contenta de les plaindre ;

---

qui retentissent dans ces cavernes, la vue des spectres nuds qui y travaillent, & vous avouerez que ce tableau vivant ne sçauroit peindre avec de plus fortes couleurs les demeures infernales.

Nous descendîmes plus de deux lieues au sein de la terre, par des chemins affreux, tantôt sur des échelles tremblantes, tantôt sur des planches légeres, & toujours dans la crainte de nous précipiter dans les abymes.... Nous rencontrâmes le cadavre d'un malheureux qu'on reportoit en haut, & qui avoit été écrasé de la chûte d'une pierre, ce qui arrive tous les jours : car les plus petits cailloux venant à tomber d'une hauteur extraordinaire, font le même effet que la chûte d'énormes rochers... On tire de cette mine du soufre, du vitriol & des octadres. *Voyez* le premier vol. des Œuvres de Regnard, voyage de Suéde.

Pline assure que les Romains qui sen-

il difoit même en allant au lieu de fa captivité : l'Humanité n'eft donc pas un phantôme, puifqu'elle eft connue, même de ceux qui la violent à mon égard ?..... Mais fi j'avois pu fauver la vie à mon bienfaiteur !..... Mais fi j'étois innocent aux yeux de Waldemar !.....

Il ne refta pas long-tems dans le tombeau qui lui fervoit de prifon, fans reffentir toute l'amertume de

---

toient qu'ils avoient plus befoin d'hommes que d'or, ne voulurent jamais permettre qu'on exploitât des mines qu'on avoit découvertes en Italie, pour ne pas expofer la vie des peuples.— Principe fage & qui me réconcilieroit prefque avec ce peuple conquérant. En effet, le métal le plus prétieux augmente-t-il la force d'un État ; & ne fuis-je pas maitre de l'or de mes voifins, fi j'ai plus d'hommes qu'eux ?

fon

son sort; l'aspect toujours uniforme des objets les plus affreux, la lumiere dont il ne jouissoit qu'à la faveur d'une lampe sépulcrale, sur-tout l'idée de passer dans l'esprit de Waldemar pour l'assassin de son frere, aigrissoit son esprit, & le livroit aux accès de la plus sombre mélancolie; son imagination étendoit sans cesse l'affreuse perspective de ses malheurs, & fatigué enfin de déclamer contre l'injustice des hommes, il se laissa tenter de les imiter. Un jour (*a*) qu'il feignoit de dormir sur un amas de fange & de fascines qui lui servoient de lit, il roula dans son esprit ces sinistres pensées : Je suis né li-

---

(*a*) On doit remarquer que le jour pour lui n'étoit pas distingué de la nuit la plus affreuse.

bre, & le crime de mes juges n'a pu me faire perdre le privilege de ma Nature; je puis donc recouvrer par la violence un bien que la violence m'a ravi; essayons de franchir l'intervalle immense qui me sépare de la lumiere; & puisque la mort de tout ce qui m'environne, peut seule m'ouvrir les voies à la liberté, sacrifions notre existence pour disposer de toutes celles qui me sont importunes. — Si je meurs, je n'ai rien perdu; si je fais périr tous les compagnons de mon opprobre, ils deviennent libres & moi aussi.

Ces transports de fureur commençoient à fermenter dans l'ame du Sauvage; déja il mesuroit des yeux l'instrument qui devoit faire passer ses compagnons des bras du sommeil dans les bras de la mort, lorsqu'il entendit deux de ses voisins qui tramoient ensemble le même complot, & qui se proposoient d'égorger la nuit suivante tous les habitans de la mine, pour anéantir tout d'un coup les tyrans & les victimes de la tyrannie. —Le Sauvage étonné & confondu vit rouler d'un autre côté le torrent de ses réflexions ; mon existence, se dit-il à lui-même, peut importuner mes pareils comme leur existence m'importune ; d'où me viendroit donc le droit de disposer de leur sort ? Si je pouvois l'avoir, je le partagerois avec le genre humain, & alors le pouvoir de se détruire seroit une loi de la Nature ; non, non, Dieu ne tombe pas ainsi en contradiction avec lui-même ; il ne fait pas subsister ensemble la discorde & l'harmonie. Ne perdons pas l'unique bien qui me reste, l'innocence & la paix de l'ame ...... tout le bonheur de la terre s'anéantit devant un remords.

Tandis que le Dalécarlien luttoit ainſi avec les reſtes de ſa vertu, contre le délire de ſon imagination, la belle Waldemar n'étoit ni plus fortunée, ni plus tranquille ; l'image de ſon frere égorgé par ſon amant, l'avoit long-tems pourſuivie dans les déſerts qu'elle habitoit : elle ſe reprochoit ſans ceſſe d'avoir retiré dans ſon ſein un monſtre qui l'avoit déchiré ; ſi l'on prononçoit ſon nom devant elle, ſon trouble altéroit peu-à-peu ſes traits, & toute ſon ame ſe peignoit dans ſes regards ; elle invoquoit la vengeance céleſte contre les ingrats : elle atteſtoit la cendre de ſon frere ; elle haïſſoit avec fureur ſon meurtrier ...... elle l'aimoit encore, & pour comble d'horreur, elle ne pouvoit ſe le diſſimuler.

Cet état violent dura une année; la sensible Waldemar rongée intérieurement par le chagrin qui la dévoroit, marchoit à pas lents vers la tombe. L'ennui de la vie venoit flétrir les roses de son teint, & sillonner son visage; le monde entier étoit mort pour elle; mais la passion vivoit encore dans son cœur. Tout-à-coup elle apprend qu'on a découvert les vrais assassins de son frere, & que son amant calomnié par des traîtres & condamné par des tyrans, expie dans les sombres cavernes de Coperberit le crime d'avoir été humain sans prudence, & généreux sans bassesse.

A cette nouvelle les yeux de Waldemar commencerent à briller des étincelles de la joie, & toutes les facultés de son ame reprirent leur énergie : enfin, s'écria-t-elle, mon cœur ne m'avoit pas trompé, & l'infortuné est digne de moi;.... mais suis-je encore digne de lui, moi qui l'ai condamné sans l'entendre, moi qui n'ai pas opposé les lumieres de ma tendresse aux sophismes de ses accusateurs, moi qui ai osé croire l'éleve de la Nature capable d'un parricide!

Un état aussi violent n'étoit pas fait pour avoir quelque durée: Waldemar qui aimoit mieux s'exposer aux reproches de son amant, que d'avoir trop long-tems à les craindre, prit subitement la résolution de l'aller trouver dans la prison profonde où il étoit renfermé; elle ne communiqua son projet à personne; on lui auroit opposé la décence (*a*),

---

(*a*) J'ai remarqué que dans un siecle dépravé, la décence est d'ordinaire la vertu de ceux qui n'en ont point.

& elle ne vouloit consulter que sa vertu.

Tandis que Waldemar cherchoit ainsi à rendre la paix à son cœur éperdu, la Discorde agitoit ses serpens dans les sombres cachots de Coperberit, & quelques malheureux qui y végétoient depuis un grand nombre d'années, avoient résolu de se faire de leurs chaînes mêmes des armes pour recouvrer la liberté : le Dalécarlien tenta inutilement de ramener les conspirateurs à la loi naturelle, & il se vit obligé d'avertir du complot ceux de ses compagnons, qui devoient en être les victimes.— Bientôt le combat s'engage dans ces abymes souterrains ; on ébranle les colonnes informes qui soutiennent les voûtes ; on détache du comble des quartiers de rochers, les chaînes heurtent contre les chaînes. Tout multiplie les tableaux de cette scene d'horreur; la pâle lueur des lampes qui éclairent la nuit éternelle de ce séjour; l'idée de ne pouvoir échapper par la fuite à sa destruction; les vœux de la religion, confondus avec les imprécations du désespoir. On combat par-tout avec le même acharnement, parce que les conjurés craignent la mort lente & cruelle que le gouvernement leur destine, & que les autres ne craignent que de vivre. Lorsque la rage des combattans sembloit à son comble, on vit descendre lentement sur le champ de bataille, un siege mal affermi par des cordes tremblantes, sur lequel étoit assise une jeune personne que son âge, ses traits, & les larmes qui humectoient son visage, rendoient également intéressante: tel est le privilege de la beauté, & sur-tout de la beauté éplorée, d'attendrir les cœurs les plus féroces; tout-à-coup un silence profond regne dans l'abyme sulfureux qu'on venoit d'ensanglanter; on prend cette inconnue pour une intelligence céleste; & ces malheureux, qui dans les noirs accès de leur désespoir, ne s'étoient jamais peints Dieu que la foudre à la main, conçurent alors l'idée d'une Divinité bienfaisante; cependant l'étrangere promenoit en tremblant ses regards sous ces voûtes mutilées qui regorgeoient de décombres & de cadavres. Un spectre couvert de sang & enchaîné s'approche, recule, revient avec précipitation; tous deux en même-tems se reconnoissent & jettent un cri de surprise..... Quoi! c'est vous Waldemar? — C'est toi! infortuné Sauvage?.. leurs bras s'entrelassent, leurs visages se serrent, leurs larmes se confondent.... Ah! sans doute, je suis innocent à vos yeux, puisque je vous revois. — Oui, tu l'es, mais le ciel & la terre se sont réunis pendant un an pour te trahir. — Votre cœur me reste, il suffit; & je mourrai content — Toi, mourir! Non, tu vivras; toi seul peux remplacer auprès de moi le plus tendre des freres, peut-être même le faire oublier..... Ecoute; le roi n'a pas encore prononcé définitivement sur l'injustice du tribunal qui t'a condamné; mais il veut te voir, & tu es libre dès ce moment : sortons de cet abyme effrayant où gémissoit l'innocence, où le crime même est trop puni, puisque l'opprobre survit aux remords; allons nous jetter aux genoux du prince; je ne l'implorerai point pour toi, parce qu'il est juste; mais je l'attendrirai pour ces malheureux ; si je pouvois alléger le poids de leur infortune, tu m'estimerois sans doute, & mes crimes anciens seroient réparés.

Passer sans intervalle du plus profond désespoir au comble du bonheur ; voir son ame au même instant se resserrer par le chagrin & s'ouvrir aux douces impressions de la joie, & sur le bord de la tombe, recouvrer à la fois la lumiere, une amante & la vertu, sont un de ces états violens que l'homme ne sçauroit éprouver qu'une fois dans sa vie, & dont la trace profonde ne s'efface que quand il n'est plus. Le Dalécarlien, oppressé par l'excès du bonheur, respiroit avec peine, prenoit tout ce qu'il voyoit pour un beau songe, & appréhendoit de se réveiller.—Pour les malheureux, dont ce couple auguste étoit entouré, une scene aussi attendrissante les avoit insensiblement desarmés ; dès qu'ils conçurent quelqu'espoir de changer leur destinée, ils conçurent des remords, & alors ils devinrent hommes.

Le souverain qui régnoit alors en Suede, étoit ce Charles XII, dont les vices & les vertus étoient également faits pour étonner le genre humain, qui ne vécut que pour combattre, & qui aimoit mieux ébranler les trônes de l'Europe, que de régner en paix sur le sien.

Ce prince aimoit la justice, mais il l'exécutoit souvent avec toute la férocité d'un guerrier, & alors la vengeance des crimes faisoit plus de mal que l'impunité.

Quand il eut appris la condamnation inique du Dalécarlien, son premier mouvement fut de faire renfermer tous ses juges dans la mine de Coperberit : cette justice atroce étoit digne du despote, qui écrivit dans la suite aux sénateurs de Stockholm qu'il leur enverroit sa botte pour les gouverner.

Sur ces entrefaites Charles XII mourut ; la reine Ulrique qui lui succéda, se contenta de casser l'arrêt du Sénat contre le Dalécarlien, & fit renfermer dans la prison d'où ce Sauvage venoit d'être tiré, l'indigne prévôt qui avoit été plus que son assassin, puisqu'il avoit été son calomniateur.

Cette princesse adoucit aussi, sur les instances de la sensible Waldemar, la captivité des esclaves de Coperberit. Elle comprit qu'en travaillant péniblement pour l'État, ils rachetoient assez quelques instans d'ingratitude envers lui ; elle leur laissa même entrevoir un avenir heureux, s'ils méritoient sa clémence; & en montrant à ces criminels que la patrie exiſtoit encore pour eux, elle réuſſit à en faire des patriotes.

Tout proſpéroit au gré du ſage Dalécarlien; il goûtoit la douceur de vivre ſous un ſage gouvernement, il ſe faiſoit des amis de tous les hommes ſenſibles qui connoiſſoient ſes malheurs; il alloit être uni par des nœuds éternels à la tendre Waldemar; mais ſa vertu n'étoit pas aſſez éprouvée; & ce héros, digne des premiers âges du monde, n'étoit pas encore au dernier acte de la tragédie pathétique, dont ſon bonheur devoit être le dénouement.

Cet indigne prévôt, qui, par ſon iniquité avoit fait d'abord les malheurs du juſte & enſuite les ſiens, n'avoit pas encore achevé la carriere des grands crimes; perſuadé que le

Dalécarlien qu'il remplaçoit étoit l'inftrument de fa perte, il trama avant d'entrer à Coperberit, la plus noire des vengeances. Il engagea une Suédoife avec qui il vivoit depuis un grand nombre d'années dans un commerce illégitime, d'empoifonner fon ennemi. Cette Suédoife devoit s'introduire fous le titre de dame de compagnie, dans la maifon de Waldemar, & préfenter elle-même le breuvage mortel au Philofophe. Le jour choifi pour cet attentat, étoit celui qui devoit éclairer le mariage des deux amans; le lit nuptial feroit alors devenu le tombeau du Sauvage, & fon corps livide & glacé auroit lutté contre les approches de la mort, dans les bras même d'une époufe où il ne devoit mourir que de l'excès de fa félicité.

Les grands crimes font quelquefois projetés par les passions ordinaires ; mais il n'y a que les grandes passions qui les exécutent. La Suédoise n'avoit pas pour le prévôt ces fougues impétueuses de l'amour qui conduisent aux vengeances éclatantes & souvent les excusent ; l'intérêt, l'habitude & cette sympathie secrete qui agit entre deux complices du même brigandage, étoient les seuls nœuds qui unissoient ces deux cœurs dépravés : ils étoient de simples amis plutôt que des amans ; si cependant on peut profaner le nom auguste de l'amitié en le donnant à des hommes vils qui auroient dégoûté le sage de la plus sublime des jouissances, s'ils l'avoient partagée.

Le Dalécarlien tenoit en main le breuvage fatal ; il parloit avec attendrissement du bonheur qu'il alloit goûter, & qu'il vouloit faire ressentir à tout ce qui l'environnoit ; la Suédoise écoutoit avec émotion ; l'Humanité, malgré elle, parloit à son cœur ; elle trembloit déja de se voir trop bien vengée. Le ciel, disoit le Philosophe, m'a conduit à la félicité suprême par toutes les voies qui devoient naturellement m'en éloigner ; j'ai épuisé la coupe amere de l'adversité : d'abord mon cœur né pour aimer n'a jamais pu s'épancher dans le sein qui m'a fait naître. — Quoi ! votre mere ne vit plus ? — Elle n'a jamais vécu pour moi ; la barbare chercha à couvrir par ma mort l'opprobre de ma naissance, & elle m'exposa dans une forêt auprès d'une ourse qui fut moins féroce qu'elle..... Le trouble à chaque instant croissoit dans l'ame de la Suédoise ; son visage prenoit alternativement toutes les teintes des passions violentes. Un mouvement involontaire lui fit bientôt porter la main sur le vase où le poison étoit renfermé.— Répondez-moi, dit-elle avec chaleur : dans quelle forêt fûtes vous exposé ?— Dans celle qui confine au Nord de la Dalécarlie.— Quelle est l'époque de cet attentat ?— Je soupçonne qu'il fut commis il y a environ vingt ans.— A peine ces derniers mots furent-ils prononcé, que la Suédoise jette un cri, renverse la coupe fatale; & se précipitant aux genoux du Sauvage : malheureux ! dit-elle, reconnois ta mere qui meurt d'opprobre à tes pieds; je voulus te faire périr à ta naissance; & aujourd'hui, pour venger ton pere, j'allois t'empoisonner..... L'indigence, la foiblesse & l'habitude des crimes les ont accumulés sur ma tête : déja mes remords affreux commencent à te venger ; abandonne à ma conscience déchirée le soin de mon supplice : sois heureux, bientôt je ne serai plus ; mais jamais le crime de ma mort n'expiera pour moi le crime d'avoir vécu.

Le Dalécarlien raisonnoit trop bien pour ne pas juger que tous les nœuds qui l'attachoient à des parens parricides étoient rompus ; que la reconnoissance supposoit des services & non des assassinats, & qu'il devoit plus à l'ourse qui l'avoit allaité qu'à la mere qui l'avoit exposé. Mais dans ce moment terrible, sa philosophie céda à sa sensibilité naturelle : il releva la Suédoise ; vivez, dit-il, vivez ; si vous recouvrez la vertu, si mon bonheur devient le vôtre, tout est réparé, & vous êtes ma mere.

Cependant l'héroïque monument que le Sauvage élevoit à la Nature, n'étoit encore qu'à moitié terminé; il étoit sans cesse poursuivi par l'image d'un pere qui vivoit à cause de lui dans l'opprobre de la misere, & dans les convulsions du désespoir; il se détermina alors à se jetter aux genoux de Waldemar. — Chere moitié de moi-même, lui dit-il, ce soir je devois goûter dans tes bras le bonheur suprême; mais mon ame ne jouit pas encore de toute sa sérénité, & il est encore un sacrifice que je dois faire pour te mériter. Celui qui m'a donné le jour gémit à ma place dans l'abyme de Coperberit: je sçais que le hasard a présidé à ma naissance, & que l'auteur de ma vie en attentant à mes jours, a rompu pour moi les liens de la Nature; mais le ciel l'a assez puni en l'abandonnant à lui-même. J'irai le trouver, je rappellerai en lui des sentimens altérés, plutôt que détruits, & si je réussis à en faire un homme, peut-être sera-t-il digne d'être mon pere. — Waldemar répondit au Sauvage en le tenant embrassé, l'hymen fut différé, & les deux amans s'en estimerent davantage.

La tendre Waldemar alla d'abord implorer pour le prévôt la clémence de la reine: c'étoit flatter cette princesse que de lui procurer les occasions d'exercer sa bienfaisance; elle lui accorda la grace de ce malheureux, & ne voulut pas même être remerciée. — Je n'avois voulu, dit-elle, en le condamnant, que venger l'innocent opprimé; puisque sa vie vous est chere, qu'il soit libre; en le rendant à l'ordre des citoyens, je ne fais que ce que je dois: tous les crimes envers la patrie sont effacés, puisqu'il va devenir le pere de Waldemar.

Le Dalécarlien, muni de l'acte solemnel qui renfermoit la grace du prévôt, descendit à l'instant dans la mine de Coperberit. Ce pressentiment secret que le théâtre fait si bien valoir dans ses héros, n'agit point dans l'ame d'un pere si indigne d'avoir un tel fils; il ne vit dans le Sauvage qu'un barbare, qui venoit insulter aux malheurs d'un ennemi dont il avoit triomphé; tout-à-coup ses yeux étincellent des feux de la rage; le fiel de son ame passe jusques dans sa bouche ; il agite avec force la chaîne qui l'arrête dans sa prison : le Philosophe entrevoit son dessein, & lui jettant froidement son épée, frappe, dit-il, je suis ton fils ; je reconnoîtrai mon pere aux coups qu'il va me porter; c'est à lui à déchirer ce sein que les bêtes féroces ont respecté dans les forêts de la Dalécarlie.—Le prévôt n'étoit point né avec une ame atroce; le besoin, l'intérêt & la foiblesse l'avoient précipité de crimes en crimes, mais il n'étoit point encore vil par principe & scélérat par système. La générosité de son fils fut un trait de lumiere qui l'éclaira sur tous ses égaremens. Il recula avec frayeur, étendit ses mains sur ses yeux, comme pour redoubler les ténebres de ce lugubre séjour; & s'adressant avec des

fanglots entrecoupés au héros, dont il n'ofoit foutenir les regards : — Il fuffit, dit-il, je fuis affez confondu... Mes crimes paffés, ceux que je méditois encore, font autant de poignards qui me déchirent.... Ah! quand j'aurois échappé aux tribunaux humains, échapperois-je de même à mon cœur;... fuyez un fcélérat que vous avez éclairé pour augmenter fon opprobre, qui fans vous feroit encore plus coupable, mais moins malheureux, fans doute. — Le malheur n'accompagne que le crime, croyez-moi, votre ame n'étoit pas faite pour être vile; elle le deviendroit, fi elle défefpéroit de fe relever. Le coupable qui a des remords ne fut jamais un fcélérat; & qu'importe que vos jours aient été marqué par des crimes? Si vous confa-
crez

crez à la patrie & à l'Humanité les derniers soupirs de votre vie ; tout est réparé. — Qui vous ! me justifier ? Ah ! je ne me vis jamais si criminel..... Laissez-moi courber vers la fange ces yeux indignes de s'élever jusqu'à vous. Je voudrois que ma prison fût plus proche encore du centre de la terre pour m'y cacher à l'univers.... à moi-même. — L'état où je vous vois expie mieux vos attentats que les vains supplices des hommes ; la Nature & la patrie sont également satisfaites. Voici votre grace que je viens vous apporter ; soyez libre ; & puissé-je dire : la chûte de mon pere n'a servi qu'à donner plus d'énergie à sa vertu, & il seroit devenu moins grand, s'il eût été toujours juste !

Le prévôt garda long-tems un silence, plus éloquent que les expreſſions de la plus vive reconnoiſſance; il embraſſoit les genoux du Dalécarlien, il les baignoit de ſes larmes; mais ſe relevant tout-à-coup avec fierté, il ſerra la main du Philoſophe, & lui dit : Un nouveau jour m'éclaire; je me ſens digne de vous nommer un jour mon fils; vous ne rougirez pas d'avoir été mon bienfaiteur; j'oſe aſpirer à commencer une nouvelle carriere, & les jours que j'emploierai à vous imiter, contribueront, peut-être, à effacer de mon exiſtence les jours que j'ai fait ſervir à vous perdre.

Le prévôt ſe voyant libre, ſe hâta de s'unir avec la Suédoiſe, par des nœuds légitimes. Le Dalécarlien, quitte envers la Nature, revole alors vers l'Amour. — O Waldemar! dit-il en se jettant entre ses bras, enfin j'ai une patrie, un pere & une épouse; je suis le plus fortuné des hommes; je suis homme.

Réflexions.

La Nature a réellement conduit notre Dalécarlien à des principes qui ont quelquefois échappé à la pénétration des Philosophes. — Moi qui dis, je veux vivre ; j'ai autant de droit que celui qui dit, je veux mourir : qui donc sera le juge entre nous deux ? — On a répondu avant moi : ce ne peut être l'homme, mais ce sera l'Humanité : c'est à la volonté générale que l'individu doit s'adresser pour sçavoir jusqu'où il doit être ami, fils ou citoyen.

De cette idée lumineuse dérivent tous les devoirs de sociabilité. — Mon bonheur est essentiellement lié avec celui des êtres qui m'environnent. — Je cesse d'être homme, en cessant d'être utile. — Aimer la Philosophie n'est point fuir le genre humain. — La parfaite indifférence dégrade l'homme, aussi-bien que la divinité d'Epicure.

Comme membre d'une société très-bornée, je maintiendrai dans ma famille l'harmonie qui conserve l'univers; je me sacrifierai pour mon pere & même pour mes enfans, jusqu'à ce qu'ils soient en âge de se sacrifier pour moi.

Comme membre d'une société plus étendue, je concourrai à la gloire de ma patrie & à sa félicité; je vivrai pour la défendre; je mourrai avec ma famille pour la sauver.

Enfin comme citoyen de l'univers, j'embrasserai tous les hommes dans ma bienveillance; & s'il étoit possible que leur intérêt fût essentiellement opposé à celui de mes concitoyens, j'immolerois sans balancer ma patrie, ma famille, & moi-même à la félicité du genre humain.

DE LA
PHILOSOPHIE
DE LA
NATURE.

LIVRE SECOND.

DE L'HOMME
EN RAPPORT AVEC DIEU.

On peut regarder les livres fuivans comme les corollaires des axiomes qu'on vient d'établir. Si on n'afpiroit qu'au suffrage des Philosophes, l'ouvrage seroit fini ; mais on desire d'éclairer le peuple, & ce n'est point avec des idées générales, des principes abstraits, & un coup d'œil rapide sur la Nature qu'on peut y réussir ; il n'est pas donné à tout le monde d'entrevoir dans quelques traits de crayon de Michel Ange, l'édifice de saint Pierre de Rome.

Telle est la certitude des principes naturels, que le vrai Philosophe leur donne la même autorité que le Géometre aux vérités mathématiques : les principes naturels ont même cet avantage, qu'ils sont appuyés sur l'assentement du cœur, aussi-bien que sur le suffrage de la raison. Il n'en est pas de même de l'art sublime d'Euclide & d'Archimede ; le plus beau théoreme de la géométrie transcendante ne difant rien au cœur humain, ne fera connu que des Géometres ; en vain dira-t-on, que le grand principe de la fuperpofition donne naiffance à des vérités éternelles, auffi-bien que celui de la bienveillance univerfelle : pour être convaincu du premier, il faut être Pafchal, Clairaut ou d'Alembert; mais pour être perfuadé du fecond, il fuffit d'être homme.

Le principe fublime de la théologie naturelle a produit une multitude de corollaires qui ont éclairé les fages & dont le vulgaire a abufé. — Je crois voir un arbre immenfe dont la tige fe dérobe à tous les regards; les nations de la terre repofent fous fon ombrage ; le peuple défigure fes racines; les fectaires attaquent fes branches, mais le tronc refte inébranlable ; il refte, & on oublie les blasphêmes & les blasphê-mateurs.

C'est par la religion que l'homme établit une espece de société avec Dieu. On a beau avoir des idées erronées sur l'Être suprême ; cette société n'est point rompue par de mauvais raisonnemens; les Rabbins qui ont compilé le Talmud, disent, que Jehovah, pour passer le tems avant la création de l'univers, s'occupoit à bâtir des mondes qu'il détruisoit ensuite, & qu'il prolongea ses essais jusqu'à ce qu'il parvint à faire un monde aussi parfait que le nôtre : ces Hébreux n'ont jamais conclu que les habitans de tant de mondes défectueux fussent dispensés des devoirs de la religion, parce que le Dieu qui les avoit créés étoit un ignorant architecte.

Dans les sectes où Dieu est représenté comme le tyran du genre humain, la société entre lui & les hommes subsiste encore; un citoyen peut se dérober au despotisme, en fuyant des climats que gouverne le despote : mais où se retirera la victime d'un culte fanatique, pour se dérober aux regards d'une divinité barbare qui, en tourmentant sur la terre ses adorateurs, ne fait encore que commencer leur supplice ?

Dans notre religion auguste, où Dieu est le bienfaiteur des hommes, la Nature elle-même a dicté les loix de cette société; si cependant on peut appeller de ce nom le rapport entre une Intelligence qui donne tout, & des êtres foibles qui ne peuvent offrir en échange qu'une stérile reconnoissance.

La religion, suivant la Philosophie la plus sublime, est la justice qu'on doit à Dieu : cette justice sa manifeste par le culte. On peut, fidele aux impressions du sens moral, rendre à Dieu un hommage pur & sincere, sans reconnoître d'autre prêtre que soi-même, & d'autre autel que son cœur : voilà ce que j'appelle le culte de l'homme. On peut aussi manifester son hommage par des cérémonies extérieures & des rites approuvés par le gouvernement sous lequel on vit ; & voilà ce qu'on peut appeller le culte du citoyen.

Le culte de l'homme ou le Théisme, est un métal qui s'amalgame avec toutes les religions de la terre : celle dont le culte naturel est la base, & dans laquelle toutes les parties qui la constituent paroissent homogenes, est la seule qui soit l'ouvrage de Dieu ; toutes celles où l'alliage domine sur la matiere primitive, font l'ouvrage des hommes.

Machiavel qui eût peut-être créé la politique, s'il n'eût pas vécu en Italie, a eu de fingulieres idées fur le culte de l'Être fuprême : il a cru que nous étions citoyens avant d'être hommes ; & fur ce principe il a voulu plier la religion aux caprices des légiflateurs. Il me femble qu'il valoit beaucoup mieux plier la politique aux loix éternelles de la Nature, & faire couler le fleuve vers la mer, que de creufer un nouveau lit à la mer, pour la faire communiquer avec le fleuve.

Le culte de l'Être fuprême doit être également éloigné de la fuperftition & du fanatifme ; en effet des cérémonies abfurdes ou des crimes n'honorent point la Divinité ; un homme n'eft point pieux, parce qu'il eft ftupide, ou zélé, parce qu'il eft féroce.

Un coup d'œil philosophique, jetté sur les usages ridicules ou barbares qui ont tenu lieu de culte à la plupart des nations, suffit donc pour éclairer les sages sur la pureté de l'hommage qu'ils doivent à la Divinité ; le délire des hommes sur ce sujet est épuisé, & il semble qu'il ne reste plus d'autre moyen de se distinguer d'eux qu'en se rapprochant de la Nature.

Observons seulement qu'il faut bien distinguer le culte sacré, que nous avons adopté, de ceux que les imposteurs ont fait naître. Dans l'un la superstition n'est que l'abus de la religion ; dans les autres la superstition est la religion même.

Pour répandre de la lumiere sur cette matiere importante, on va examiner deux questions, qui ont long-tems partagé la partie des hommes qui raisonne, & celle qui ne fait que sentir. Ce n'est pas sans dessein qu'on fera parler des hommes célebres; il y a des occasions où il faut faire marcher du même pas l'autorité & la raison.

CHAPITRE PREMIER.
Si le Théisme est nécessaire à l'homme.

On a tant dogmatisé sur des choses indifférentes, douteuses, ou même absurdes, que la vérité semble réduite à ne s'énoncer qu'en doutant ; cependant cette circonspection ne fait aucun tort aux principes de la Philosophie naturelle. Socrate qui doute, est plus sûr de persuader que vingt Sophistes qui affirment.

Socrate adoroit un Dieu qui punit & récompense ; il tonnoit contre les imposteurs, plaignoit les hommes superstitieux, & exerçoit la bienfaisance envers tout le monde.

Il étoit Théiste, & il falloit du courage, sans doute, pour l'être au milieu d'un peuple qui se prosternoit devant le hibou de Minerve ; avec des prêtres qui vivoient de leurs impostures, & des Poëtes qui n'écrivoient que pour les rendre respectables.

Congfutsée, Cicéron, Marc-Aurele, Epictete & cette foule de grands hommes qui ont fait respecter la vertu dans les Académies, sur le trône & dans les chaînes, étoient Théistes. Le Théisme est la religion du sage qui n'est point éclairé par une intelligence supérieure ; c'est le seul culte de la terre, dont les dogmes n'aient pas besoin d'être enseignés ; c'est le seul dont le langage s'entende par des peuples mêmes qui n'en ont point, & dont la croyance soit reçue du Wolga au fleuve Saint-

Laurent, & de l'Islande au Japon.

Dans le projet de faire raisonner ensemble un Théiste & un Athée, il étoit donc fort aisé de trouver le premier des interlocuteurs; mais où rencontrer un homme éclairé & de bonne foi qui nie l'existence de Dieu? Cet être contradictoire, cet Athée honnête homme, existe dans la nouvelle Héloïse; & il est consolant pour une ame droite & sensible, que le plus dangereux ennemi de la loi naturelle n'existe que dans un roman.

DIALOGUE

Entre un Théiste & un Athée.

M. DE WOLMAR.

Je vois bien, ô Socrate ! que vous n'êtes pas de ces sages qu'on puisse juger au premier coup d'œil ; votre Philosophie cache si peu de prétentions ! votre critique a si peu d'amertume ! on doit commencer par sourire de votre bonhommie, & finir par l'admirer ; oui, je soupçonne que le bon-homme chez vous, n'est que le voile du grand-homme.

SOCRATE.

Je n'ai aspiré, tant que j'ai vécu ;

qu'à être bon ; les talens sublimes sont trop fatals à ceux qui les possedent ! ils mortifient trop ceux qui en sont privés ! — Mais qui êtes-vous donc vous qui vous intéressez si fort à ma destinée ? Lorsque des Scythes dominent dans la Grece, que la race des Platons est éteinte, & qu'Athenes est au tombeau, qu'importe à la terre le nom de Socrate ? Répondez-moi ; que faites-vous parmi les hommes ?

WOLMAR.

Je les observe.

SOCRATE.

Jouissez-vous dans votre patrie d'un rang élevé ?

WOLMAR.

Le hasard me donna des titres, & l'adversité des vertus. Je commençai par être prince ; je fus ensuite laboureur, artisan, & je finis par être honnête homme.

SOCRATE.

Fort bien ; mais avez-vous toujours été honnête impunément ? Ne se trouve-t-il pas dans votre siecle quelqu'Aristophane pour vous rendre ridicule, & quelqu'Anitus pour vous rendre odieux ? — De mon tems on n'étoit gueres en sûreté, quand on avoit l'audace de mépriser un Poëte & un grand-prêtre de Cerès.

WOLMAR.

Je ne vais jamais ni au théâtre ni au temple, & je vis tranquille.

SOCRATE.

Le théâtre ne me semble utile, que quand il est l'école des mœurs ; je sçais aussi que le sage peut, sans fréquenter les temples, honorer l'Etre suprême.....

WOLMAR.

Que dites-vous, bon Socrate ? Avez-vous encore le préjugé qui hâta l'instant de votre mort ? Reconnoîtriez-vous par hasard un Etre suprême ? Pour moi je n'ai ni la foiblesse de craindre ce phantôme, ni l'orgueil de le braver, supposé qu'il existe.— Je suis ce que le peuple appelle un Athée, & ce que les gens sensés nomment un Philosophe.

SOCRATE.

Je ne puis revenir de ma surprise. Ne m'avez-vous pas dit tout à à l'heure que vous étiez honnête homme ?

WOLMAR.

Sans doute; j'en crois d'abord mon cœur, ensuite les hommes.

SOCRATE.

Eh ! bien, vous êtes à la fois athée & honnête homme ! — Je vois là une contradiction (a); mais je suis curieux de connoître le climat qui produit

---

(a) Je voudrois voir un homme sobre, modeste, chaste, équitable prononcer qu'il n'y a point de Dieu; il parle-

un tel phénomene. Quel eſt le pays où vous vivez ?

WOLMAR.

Je vis,.... je vis dans un roman.

SOCRATE.

Un roman ! je n'ai jamais lu que l'Odyſſée; mais Homere fut plus conſéquent.

WOLMAR.

Homere fut à peine plus éloquent

ſoit du moins ſans intérêt, mais cet homme ne ſe trouve point. — *Voyez* Caracteres de la Bruyere, *Tom.* I. — Les voix des partiſans de l'Athéiſme honnête ſe comptent : celles de Socrate & de la Bruyere ſe peſent.

que mon pere. — En un mot, je suis Wolmar. La plus tendre des femmes tente depuis six ans de m'arracher à mon syftême ; mais quand Julie échoue, qui tenteroit de me perfuader ?

SOCRATE.

Vous me paroiffez trop froid pour être perfuadé ; mais vous pourriez être convaincu. — Je ne me flatte cependant pas, ô Wolmar ! d'un tel fuccès ; mais cherchons enfemble la vérité, raifonnons, & laiffons difputer le vulgaire des hommes. — Parlez-moi avec fincérité ; que penfez-vous du genre humain, vous qui jouez depuis cinquante ans le rôle d'obfervateur ?

WOLMAR.

Le genre humain n'a point changé

de nature depuis vous ; j'ai voulu le connoître pour avoir droit de le mépriser. — Mes anciens malheurs ne m'ont point rendu misantrope. mais j'ai appris par mon expérience, qu'en général les hommes menés en lisiere par l'intérêt, sont un vil amas de dupes gouvernés par des fripons; s'il y a quelques honnêtes gens qui surnagent sur cet océan infect, ce sont des Philosophes éclairés par la raison, ou des gens obscurs éclairés par les Philosophes.

Socrate.

Mais vous vivez avec des êtres si vils ou si coupables.

Wolmar.

Je ne vis qu'avec Julie, ou avec

les ames sublimes qu'elle a formées : l'univers entier est pour moi dans cette maison ; & ce ciel, que vous autres croyans vous cherchez dans les espaces imaginaires, je le trouve à Clarens.

SOCRATE.

La terre n'a qu'une Julie, & fort peu de Philosophes; ne nous réglons pas par des événemens extraordinaires. Dites-moi; si vous aviez un peuple à gouverner, comment vous y prendriez-vous pour l'empêcher d'être dupe ou fripon ?

WOLMAR.

Je lui proposerois tacitement pour modele l'exemple de ma vie; je serois vertueux d'abord pour ma felicité, ensuite pour celle de mes sujets.

SOCRATE.

Vous vous écartez déja de votre premier principe, que les hommes n'ont de Dieu que l'intérêt qui les maîtrise : je veux que le vôtre soit d'être juste pour avoir des sujets bien pacifiques, bien unis, bien esclaves ; mais vos sujets doivent raisonner différemment ; le grand nombre dira : Pourquoi avons-nous un roi ? l'avons-nous élu ? avions-nous le droit de l'élire ? Est-il physiquement plus fort que nous ? A-t-il plus d'intelligence ? — Quelques-uns ajouteront : faisons le descendre du trône : quand nous serons à sa place, nous serons justes comme lui.

Wolmar.

Eh bien, Socrate, je formerai un code politique comme Zoroaftre, Minos & Solon; mes fujets ne feront pas cenfés obéir au prince, mais à la loi.

Socrate.

Y penfez-vous, Wolmar; quoi ! des loix humaines pour gouverner des hommes ! & de quel droit mon égal vient-il me donner des chaînes ? Sa législation n'eft utile que contre les infracteurs qu'elle fait naître. Par quelle abfurde barbarie me rend-il coupable, afin d'avoir le droit de me punir ?

Wolmar

Je vous entends. — Eh bien, je

vous accorde que le peuple a besoin d'un culte ; il faut environner ses yeux du bandeau de la superstition, pour l'empêcher de troubler la terre ; l'égarer, pour lui ôter la faculté de se nuire ; & abrutir son intelligence, afin de le mettre hors d'état d'en abuser. — Mais un Philosophe a-t-il besoin d'erreurs pour être juste ? non ; il l'est sans consulter les préjugés populaires ; il l'est même malgré ces préjugés.

Socrate.

Combien, ô Wolmar ! je pourrois, si je vous estimois moins, triompher de votre réponse ! Quoi ! c'est vous qui conseillez de tromper les hommes ? & vous êtes honnête ! le mot de probité est dans votre bouche, quand le blasphême est dans votre cœur ! ..... A Dieu ne plaise cependant que j'humilie, par une critique pleine de fiel, l'homme estimable que je puis éclairer ! non, mon cher Wolmar, l'erreur ne fut jamais utile au genre humain ; elle déshonore également le législateur qui la fait naître & le vulgaire qui l'adopte. Si le culte de l'Être suprême fait le bonheur de la terre, c'est qu'il est la base de toutes les vérités, & le principe de toutes les vertus. Pour l'Athéisme, il n'est utile qu'aux riches & aux grands qui veulent jouir sans inquiétude, & opprimer sans remords ; c'est le système des tyrans, qui après avoir tourmenté leur existence dans la recherche de vains plaisirs, appellent encore le néant au bout de leur carriere.

WOLMAR.

Socrate, l'éloquence est bien froide,

quand il ne s'agit que de raisonner; & qui vous a dit que Dieu existoit?

SOCRATE.

Qui me l'a dit? toute la Nature.

WOLMAR.

Mais la Nature n'est que l'effet aveugle d'une cause privée d'intelligence; ainsi l'oracle est aussi obscur que la prêtresse qui l'annonce.

SOCRATE.

Suivons pas-à-pas le fil des premiers principes.—Wolmar, ne mettez-vous aucune différence entre ce rosier qui végete à vos pieds, & Socrate qui raisonne avec vous?

WOLMAR.

Je ne suis pas assez absurde pour confondre une plante avec l'être intelligent qui m'éclaire.

SOCRATE.

Vous supposez donc par l'ordre de mes raisonnemens que j'ai de l'intelligence ?

WOLMAR.

J'en serois privé moi-même, si je pouvois en douter.

SOCRATE.

Eh ! quoi, deux ou trois argumens philosophiques font de l'homme un être intelligent, & l'ordre admirable qui regne dans l'univers, n'eſt que l'effet de l'aveugle haſard! — Deſcendez dans le ſein de la terre, voyez la Nature travailler en ſilence à la formation des minéraux & à la végétation des plantes. Parcourez la ſurface de la terre, & voyez l'homme libre & éclairé ſe conſoler par la vertu des maux phyſiques dont il eſt aſſiégé; portez vos regards au-deſſus de vous, & voyez ces orbes lumineux, qui, dans le ſpectacle varié qu'ils préſentent, n'ont jamais changé le cours uniforme de leurs révolutions. Si dans cette harmonie conſtante des êtres, vous n'appercevez qu'un ſilence profond; ô Wolmar! pourquoi me donnez-vous le titre d'intelligente? Voulez-vous me ſéduire par une flatterie, ou m'offenſer par une ſatyre?

WOLMAR.

Je ne suis ni courtisan, ni bel-esprit; mais depuis que je me connois, je m'étudie à être vrai.— J'ai droit d'attribuer de l'intelligence à l'homme, parce que je la sens en moi, parce que je puis même la définir; mais je ne comprends pas de même l'Être qui a présidé à la formation de l'univers; & je ne suis Athée, que parce que j'ai la bonne-foi de ne pas faire un Dieu d'une qualité occulte.

SOCRATE.

Raisonnerois-je avec justesse, si je disois: Je ne comprends pas la méchanique du flux & du reflux de l'océan; donc il n'y en a point : la plûpart des propriétés de la matiere me sont inconnues; donc elles n'existent pas: je ne suis point initié dans les mysteres de la Nature sur la génération; donc je ne serai jamais pere? — Mais j'abandonne cette induction. — Vous appellez Dieu une qualité occulte, & vous en concluez qu'il n'existe pas; vous ressemblez, ô Wolmar! à ces monarques d'Asie, qui font de leurs esclaves des Eunuques, afin d'avoir droit de ne pas les traiter comme des hommes: définissez mieux l'Être suprême, & vous admettrez la nécessité de son culte.

WOLMAR.

Socrate, un demi-siecle d'expérience m'a appris à douter de tout; ainsi je puis m'être trompé sur quelques principes ; mais du moins je suis conséquent ; je pense que le hasard a fait tout ce que je vois, & le hasard est sans doute une qualité occulte.

SOCRATE.

Fort-bien ; le hasard qui est privé essentiellement d'intelligence, travaille de toute éternité à former des êtres intelligens : mais sans doute ce prodige ne s'est pas opéré tout d'un coup; les élémens de la matiere ne se sont combinés que successivement pour modifier les corps qui existent : pourquoi donc le hasard cesse-t-il de créer des êtres depuis que les hommes peuvent admirer sa toute-puissance ? Vous avez des histoires avérées qui remontent au-delà de cinquante siécles ; cependant il est inouï que jamais l'univers ait présenté de nouveaux spectacles; rien ne se crée ou ne s'anéantit; les Astronomes n'ont jamais vu augmenter le nombre des planetes; le concours des atomes n'a pu former d'êtres intermédiaires entre le singe & l'homme; on n'a pas même vu croître d'une seule espece la famille innombrable des végétaux.

Wolmar.

Socrate, allez-vous faire valoir contre moi un raisonnement que vous auriez autrefois pulvérisé en conversant avec un Sophiste? Oubliez-vous que dans mon systême la matiere existe de tout tems? Avez-vous pu calculer le nombre des combinaisons qu'il lui faut pour organiser un nouvel être? Qu'est-ce que cinquante siècles dans l'abyme de l'éternité ? Vous me citez un point & il s'agit de l'infini.

SOCRATE.

Je raisonnois suivant mes lumieres ; je vais raisonner suivant vos préjugés. Supposons la matiere éternelle ; mais le mouvement du moins ne l'est pas ; s'il l'étoit, le repos seroit contre-nature : or, comment dans votre systême expliquerez vous les phénomenes qui résultent des loix invariables du mouvement ? Le hasard a-t-il donné à la matiere un mouvement uniforme ? Chaque élément qui la compose, a-t-il un mouvement qui lui soit propre ? Dans la premiere hypothese l'univers n'est plus qu'une masse indivisible ; dans la seconde, il rentre dans la nuit primitive du cahos. — Wolmar, vous avez beau faire, il faut toujours en revenir à un premier moteur, qui conserve avec intelligence le monde que son intelligence a créé; cette vérité est le cri de la Nature, & le triomphe de la raison.

WOLMAR.

Mais si l'existence d'un Dieu étoit une vérité éternelle; d'où vient en ai-je douté un seul moment? — La Nature ne m'a jamais inspiré que des préjugés; pour la raison, elle me dit que l'introduction du mal physique & du mal moral dépose contre Dieu en faveur des Athées: dans l'alternative d'admettre une cause aveugle ou une cause méchante, j'aime donc mieux attribuer l'existence des êtres au hasard qu'à un Dieu qui seroit le tyran de l'univers.

SOCRATE.

Vous ne me faites, Wolmar, que des objections ; mais moi je trouve dans votre système des absurdités ; ainsi dans le doute, l'Athée devroit encore devenir Théiste. — Au reste on a mille fois satisfait à vos plaintes contre l'Être suprême ; le mal physique vient de la nature de la matiere, qui n'est ni intelligente, ni éternelle, ni la divinité de l'univers ; pour le mal moral, il dérive de la liberté de l'homme, & la distinction des deux substances qui sont en lui suffit pour l'expliquer ; la discorde peut troubler ce point fugitif de notre existence qu'on appelle la vie; mais à la mort tout rentre dans l'ordre : la mort!.... quelle idée terrible ce mot doit réveiller en vous ? Si le néant ne se trouve pas au bout de votre carriere ; si votre corps ne se dissout que pour procurer à votre ame le réveil de l'éternité... ah! Wolmar!... je veux croire que vous n'avez pas acheté par des crimes votre sécurité contre les remords; j'aime à me persuader que le desir d'être anéanti, ne vous a pas entraîné au dogme affreux de l'anéantissement; mais s'il existe un bienfaiteur éternel des hommes, ne frémissez-vous pas d'augmenter le nombre odieux des ingrats ?— Mon ami, l'heure de la vie est sonnée pour vous; la tombe s'ouvre sous vos pas; tombez aux genoux de l'Être suprême, pour vous endormir dans son sein. — Vous aimez Julie : quel abyme immense osez-vous donc creuser entr'elle & vous? Julie!... je ne sçais quel pressentiment vient tout-à-coup m'agiter; je crois entendre la voix de mon *Génie* qui ne me trompa jamais.... Tremblez, homme infortuné! le ciel pour vous va cesser d'être sur la terre; demain le voile de la mort s'étend sur tout ce que vous aimez; dans trois jours, ce cœur où vous régnez sera rongé des vers... Ah! si les vertus de Julie expirante ne sont pour vous que la vague impulsion d'un ressort qui s'anéantit; si en embrassant pour la derniere fois son corps livide & glacé, vous ne desirez pas de renaître avec elle.... Wolmar, vous ne l'avez jamais aimée... Vous n'êtes pas digne d'aimer l'Être suprême.

CHAPITRE II.

Si le Théisme suffit à l'homme.

J'atteste la Vérité éternelle, que je n'ai point entrepris ces dialogues dans le dessein de faire triompher un des Interlocuteurs; mais que je me suis laissé entraîner à la vérité par le fil du raisonnement; j'ai adopté pendant l'examen le scepticisme de Descartes, & j'en suis sorti plus persuadé que jamais.

La question qui me reste à examiner est de la plus grande importance. Il n'y a eu peut-être de vrais Théistes éclairés par les seules lumieres de la raison, qu'un certain nombre de grands hommes, accoutumés à fouler les opinions vulgaires, pour ne penser que d'après eux-mêmes; il s'agit donc de justifier la terre, & de prouver que le suffrage des Philosophes est bien foible, quand ils sont écrasés du poids de l'univers.

ENTRETIEN

De Socrate & de Paschal.

PASCHAL.

Socrate, je n'ai pas perdu un seul mot de votre entretien. — Mais comment vous êtes-vous flatté de faire germer la vérité dans l'ame froide & flétrie de Wolmar ? La raison a-t-elle quelque pouvoir, quand la flamme de l'intelligence est éteinte ; & qu'y a-t-il de commun entre la vertu & un Athée ?

Quand vous parlez de Dieu vous êtes sublime, parce que vous êtes vrai ; cependant je suis loin d'adopter tous vos raisonnemens. Pourquoi substituer au crime absurde de l'A-

théifme, la chimere du Théifme ?
Vous avez beau croire en Dieu ; il
y a bien des gens en ce pays qui ne
vous pardonneroient jamais de croire tous les cultes indifférens à la
Divinité ; ils vous écouteroient tranquillement confondre Wolmar, &
vous rangeroient enfuite avec lui
dans la claffe des Athées (*a*).

S O C R A T E.

Ainfi il eft égal à certains fanati-

(*a*) Le profeffeur Félice, refpectable
à tant d'égards, appelle Athéifme, l'indifférence du Philofophe qui croit en
Dieu, & penfe que tous les cultes font
égaux. — *Princip. du Droit natur. de Bur-
lam. Edit.* d'Yverdon, *Tom.* 3. *pag.* 36. —
On ne doit pas plus juger de la doctrine de Burlamaqui par celle de fon com-
mentateur, que du goût d'Homere par
celui de Scaliger.

ques d'être sans religion ou de n'avoir pas leur religion.— Mais dites-moi, sage Paschal, par quelle bizarrerie prodigue-t-on le nom d'Athée, quand on adopte un culte qui fait une chim●●● de l'Athéisme ?

PASCHAL.

Quand on a l'esprit foible & le cœur faux, il n'y a point de contradictions qu'on n'admette. Les Jésuites de mon tems ne croyoient gueres au Jansénisme ; cependant ils faisoient de leurs ennemis autant de Jansénistes : ils ne persécutoient pas pour punir des crimes ; mais ils inventoient des crimes pour avoir le plaisir de persécuter ; c'est la méthode de tous les fanatiques.

SOCRATE.

C'est la méthode de tous ceux qui
admettent

admettent un culte exclusif. — Ces gens-là divisent la terre en deux parties; dans l'une ils placent leurs sectaires, & dans l'autre le reste du genre humain; le petit point du globe qu'ils occupent, devient alors l'objet unique des complaisances de la Divinité; & du centre de leur toile, ces insectes qui se croient les vengeurs du ciel, envoient la mort & l'anathême à tous les points de la circonférence.

Que le Théisme est bien plus fait pour le bonheur du monde ! il n'arme jamais les hommes contre les hommes; il resserre d'un pole à l'autre les nœuds de la bienveillance universelle; & ce culte, aussi simple que la Divinité, & aussi sublime qu'elle, est le seul dont n'abuseront jamais les hommes qui abusent de tout.

PASCHAL.

Prenez-garde vous-même, Socrate, d'abuser de votre imagination. Qui vous a fait Théiste ? l'abfurdité du Polithéifme : vous avez jugé que tous les cultes étoient ridicules, parce que vous étiez révolté de celui de vos concitoyens. Vous reffemblez aux Athéniens de votre fiecle, qui fe difpenfoient de connoître les mœurs de leurs voifins en les appellant des barbares.

Le Théifme fans doute vaut mieux que la fuperftition ; & quand le fage a le malheur de naître dans une contrée où le crime eft fur l'autel, je lui pardonne de concentrer fa piété en lui-même, & de ne point s'avilir en adorant des Dieux qui ne le valent pas.

Mais s'il se trouvoit sur la terre un culte dont la religion naturelle fût la base, qui fît disparoître parmi les hommes l'inégalité de leur nature, qui vînt de Dieu & qui y ramenât sans cesse; si ce culte né avec le monde devoit survivre à sa ruine; si sa morale supérieure à celle des Philosophes de tous les âges déposoit sans cesse contre le fanatisme d'un petit nombre de ses Ministres, & contre les préjugés superstitieux du peuple de ses adorateurs; pourquoi cette religion sublime n'embrasseroit-elle pas tous les lieux, comme elle embrasse tous les tems? pourquoi le genre humain ne formeroit-il pas sous ses loix une seule famille? pourquoi cette famille auroit-elle plus d'un pere, puisqu'il n'y a qu'un Dieu?

SOCRATE.

Ce tableau brillant pourroit ne faire honneur qu'à l'imagination de celui qui l'a tracé.—Mais ne nous amusons pas à de frivoles corollaires, quand il s'agit de discuter des principes. Pourquoi un culte extérieur seroit-il nécessaire à l'homme ? que prétendons-nous par l'hommage de notre fastueuse indigence ? notre encens & nos genuflexions ajouteront-ils quelque chose à la gloire de celui qui fait mouvoir dans l'espace des millions de soleils ?

PASCHAL.

Non, Socrate, l'Être par excellence ne dépend pas de celui qu'il a créé ; aussi le culte le plus sublime n'est point établi pour Dieu, mais pour les hommes : si j'étois le seul habitant de ce globe, la religion naturelle me suffiroit peut-être; mais né pour la société, j'ai d'autres devoirs à remplir : toutes les fois que j'entre dans un temple, je crois apprendre aux infortunés qui m'environnent, que si la justice dort sur la terre, le Juge éternel veille encore ; l'aspect seul d'un autel suffit pour faire soupçonner à un tyran qu'il n'est pas si heureux que le juste qu'il persécute.

Oui, quand le plus sublime des législateurs n'auroit point établi de culte public pour rappeller sans cesse les hommes à Dieu, ce culte seroit encore le chef-d'œuvre de la politique humaine ; lui seul ramene à la liberté primitive des cœurs flétris par l'opprobre, & asservis par les préjugés. Voyez le peuple au pied du trône, il n'exifte que pour fentir fon néant; mais dans les temples, le dernier des hommes eft égal au premier des Rois.

SOCRATE.

Fort bien; vous prouvez que les inftitutions religieufes font utiles à quelques hommes : mais font-elles néceffaires à l'homme ? Lycurgue compofa des loix qui furent 700 ans la gloire de Lacédémone; s'enfuit-il que dans toute la terre on doit violer les mœurs pour affurer la tranquillité publique, & que tous les fouverains doivent empêcher leurs fujets d'être hommes, afin d'en faire des Spartiates?

PASCHAL.

Je dirois un blafphême, fi j'avançois que le culte de l'Être suprême n'est utile qu'à quelques-uns de ses adorateurs; une religion particuliere ne fait que retrécir l'idée de Dieu, elle suppose que l'Auteur de l'univers n'est que la Divinité de l'Islande ou de Madagascar.

Le culte extérieur est nécessaire à l'homme, parce qu'il est composé de deux substances; le Théisme pourroit être sa religion, s'il étoit un pur esprit; mais dès que cet esprit anime un corps, il faut que sa piété se manifeste par un hommage corporel; c'est par-là qu'il peut prouver à l'Auteur de la Nature que tout son être est dans sa dépendance.

SOCRATE.

Le peuple doit être bien satisfait de voir un Philosophe faire l'apologie de ses préjugés ; en effet, les trois quarts du genre humain connoissent bien mieux la substance qui digere en eux, que la substance qui raisonne ; & comme ils ne se croient des hommes que par le sentiment de leur existence corporelle, les voilà fondés à révérer l'Intelligence suprême, non pas comme s'ils la *craignoient*, mais comme s'ils en *avoient peur*; ils se représenteront Dieu comme un homme parfait, & ils l'honoreront en conséquence : leurs rois ont des palais ; ils bâtiront à Dieu des temples : les ministres regnent pour les rois ; les prêtres gouverneront la terre pour les Dieux : & comme les rois abusent quelquefois de l'autorité suprême, ils placeront des tyrans dans le Ciel comme sur la terre ; & le même encens qu'ils brûlent pour le *Theos*, pour l'Être bienfaisant par excellence, ils le brûleront en l'honneur d'Arimane, de Saturne & du Diable.

PASCHAL.

Vous jugez toujours du culte de l'Être suprême par l'absurde Mythologie de vos poëtes, comme si le délire de l'imagination pouvoit être la base de la morale; comme si la Théogonie d'Héfiode devoit former le code du genre humain !

Socrate, l'étude profonde que j'ai faite de la matiere que nous discutons, m'a conduit à cette réflexion.— Un grand spectacle, mais peu de religion, semble l'apanage de l'homme grossier ; l'Athée ne veut point de spectacle, pour être libre de n'avoir point de religion; le vrai Philosophe est lié aux hommes par le spectacle, & à Dieu par la religion.

SOCRATE.

Paschal, j'ai combattu toute ma vie les Sophistes, & je ne le deviendrai pas avec vous : j'avoue que vous me réduisez au silence ; mais vous ne m'avez pas vaincu : ma raison peut être pour vous ; mais mon *génie* est encore pour moi. — Ne vous offensez donc pas de mon scepticisme ; le doute de Socrate vous honore peut-être autant que la rétractation de vingt Philosophes.

PASCHAL.

Votre *génie*, Socrate, vous tire d'un mauvais pas. — Mais qu'est-ce qu'un *génie* ? pourquoi un Philosophe a-t-il un *génie* ?

SOCRATE.

Mon *génie*!... mon *génie* ne se définit point. Avez-vous jamais défini l'abyme que vous avez vu pendant tant d'années auprès de votre chaise? — Paschal, ne prenez point le maître de Platon pour l'objet de vos plaisanteries, comme s'il étoit un des confreres de Molina & d'Escobar; il s'agit ici de raisonner & non de faire une Provinciale.

PASCHAL.

Et croyez-vous que si je renaissois sur la terre, je m'amusasse encore à confondre ce corps destructeur, qui de mon tems marchoit sur la tête des rois, & aujourd'hui s'agite vainement dans la tombe où il est renfermé? Non, je vengerois les vrais

Philosophes en répandant le sel de la raillerie sur ceux qui en usurpent le masque & les privileges; & je n'oublierois pas ces hommes présomptueux, qui ne dédaignent le culte public que parce qu'il les confond avec le peuple qu'ils méprisent; qui se font Théistes, pour se dispenser d'être religieux, & qui portent jusques dans l'hommage de leur néant le témoignage de leur fierté & de leur indépendance.

CHAPITRE III.

Jugement de la Nature sur les Cultes de la terre.

Les principes sont posés; & c'est au lecteur à faire ce chapitre.

CHAPITRE IV.

Digression sur le systême des deux principes.

Comment ne parlerois-je pas du dogme singulier des deux principes; puisqu'on l'a trouvé également dans la religion des barbares & dans la tête des Philosophes ; puisque la terre presqu'entiere étonnée de se voir Manichéenne, l'a regardé long-tems comme le systême de la Nature.

N'ôtons point à Manès l'opprobre que lui a imprimé son apostasie; mais Hermes (*a*), mais Zoroas-

---

(*a*) C'est le Thot des Egyptiens ; sa

DE LA NATURE. 303

tre (*a*), mais Pythagore (*b*) qui répandirent dans les trois parties de l'ancien

———————————————————

nation lui dut son culte, ses hiéroglyphes & ses loix. *Voyez Hiftor. critic. Philofophiæ à mundi incunabulis ad noftram ufque ætatem deducta*, de l'Allemand Bruker, Tom. I. — Les ouvrages de ce grand homme ne sont plus, mais son nom vit encore ; tandis que celui de la plupart des rois, qui ont construit des pyramides, est oublié.

(*a*) Les principes de sa religion philofophique sont recueillis dans le *Zenda-Veft* (l'évangile de l'Orient.)

(*b*) L'Agamemnon d'Echyle, la Théodicée de Leibnitz, le système intellectuel de Cudworth, sont des chefs-d'œuvres de clarté, si vous les comparez à la philofophie de Pythagore — M. Formey, qui est à plusieurs égards le Fontenelle de Berlin, analyse ainsi les principes de ce législateur.— Il y a des nombres intellectuels & des nombres scien-

continent le dogme des deux principes, furent de grands hommes; plusieurs siecles se sont écoulés avant

---

tifiques : les premiers existent de toute éternité dans l'entendement divin, & c'est d'eux que toutes choses procedent, par l'extension des raisons séminales, & par la production de l'unité en acte. Le nombre infini est pair; la Monade est le commencement du repos, & tient de la Divinité; la Dyade en vient, & de celle-ci la matiere informe, & dans un état de discorde; le premier nombre parfait est le ternaire; la Tétrade renferme les plus profonds mysteres d'une Philosophie divine; le nombre de six est parfait, celui de sept sacré, & celui de dix harmonique, &c. *Hist. abrég. de la Philosophie*, chap. 2. art. 2.—Cette Arithmétique sublime a dû faire beaucoup de fortune parmi les disciples de Pythagore, car on remarque dans les religions faus-

que le tems ait imprimé fa pierre-de-touche fur leur doctrine pour en découvrir l'alliage, & ces Philofo-

---

fes que plus un dogme eft obfcur, plus il fait d'enthoufiaftes.

Il y a un peu loin du fiecle de Pythagore à celui de Conftantin; cependant la manie d'être-bel efprit en Arithmétique, femble commune à tous les deux: voici comment s'exprime le Panégyrifte du fondateur de l'Empire d'Orient: — Dieu a créé les nombres dans fon unité; il a embelli le monde par le nombre deux; par le nombre trois il l'a compofé de matiere & de forme; ayant enfuite doublé le nombre deux, il a donné naiffance aux quatre élémens; c'eft une chofe merveilleufe, qu'en faifant l'addition d'un, de deux, de trois & de quatre on trouve celui de dix qui eft la fin, le terme & la perfection de l'unité. — *Eufeb. Panegyr. Conftant. cap.* 4 & 5. —

phes célebres ont perdu leurs disciples sans perdre leurs admirateurs.

Plutarque a dit que tous les législateurs & les poëtes s'étoient accordés sur la doctrine des deux principes (*a*), & le suffrage de Plutarque est du plus grand poids pour les hommes qui pensent ; il est également le Philosophe des historiens & l'historien des Philosophes.

Parcourez l'histoire des peuples des deux continens, & vous serez tenté de penser comme Plutarque ;

―――――

Cette Théologie numérique, à propos de la cendre d'un Empereur, est assez plaisante ; ce n'est pas tout-à-fait ainsi que Pline a loué Trajan ; Bossuet, le Grand Condé ; & M. Thomas, Sully & Daguesseau.

(*a*) Traité d'Isis & d'Osiris, Œuvr. mor. Tome 2, de l'Edit. in-fol. de Vascosan.

les anciens Perses adorerent le principe du bien, sous le nom d'Oromaze, & le principe du mal sous celui d'Arimane (*a*); l'Egypte eut son Osiris & son Syphon (*b*); la partie de l'Asie qui fut éclairée par Pythagore, son Unité & son Binaire (*c*); Rome, son Jupiter & son Vejovis (*d*); les Péruviens, leur Pachachamac & leur Cupaï (*e*); les Mexicains, leur

---

(*a*) *Hist. critic. Philos.* de Brucker, Tom. 1.

(*b*) *Pantheon Ægyptiacum* de Jablouski.

(*c*) *Plutarq. de placit. Philosophorum*, Œuvr. mor. Tom. 2.

(*d*) *Noct. attic.* d'Aulu-Gelle, Lib. 5. cap. 12.

(*e*) Hist. des Yncas de Garcilasso de la Véga, Tom. 1.

Witziliputzili & leur Tescalipuca (*a*); les habitans de Calicut, leur Temerani & leur Deumone (*b*); & les Hottentots, leur Capitaine d'en-haut & leur Capitaine d'en-bas (*c*). Cette énumération pourroit être plus longue (*d*); mais les sçavans la feront mieux que moi; & les autres pourroient m'en croire sur ma parole.

(*a*) Conquête du Mexique de Solis, *Tome 1.*

(*b*) Wolf. *Manichæismus ante Manichæos*, pag. 92.

(*c*) Voyages de la Loubere, *Tom. 2.*

(*d*) Ainsi les Saxons avant Charlemagne nommoient leur mauvais génie Tibilensk, & les Slaves, peuples de la Sarmatie, Zeevuboch. On peut rapporter, à l'idée de ce principe mal-faisant, le Matchi-Manitou des Sauvages de la baye de Hudson, le Maboya des Insu-

Ce tableau a quelque chose d'effrayant; mais quand la terre entière auroit adopté le système des deux principes, j'éviterois encore de me faire Manichéen; car il est bien plus évident pour ma raison que Dieu n'est pas absurde, qu'il ne l'est que l'universalité d'un dogme en démontre la vérité.

Manès a pour lui un système raisonné, l'instinct dépravé des peuples & le suffrage d'une foule de Philosophes; mais je suis plus fort que lui, si j'ai pour moi la Nature.

Les partisans des deux principes

---

laires des Antilles, & le Tigre invisible des anciens habitans du Paraguai. — Il suffit d'ouvrir un livre ancien, ou un voyageur moderne, pour voir combien le Manichéisme est antérieur à Manès.

ont été entraînés à ce paradoxe par l'envie qu'ils avoient d'expliquer le mal physique & le mal moral qui regnent dans l'univers; pour faire Dieu juste, ils l'ont fait inconséquent.

Il étoit bien plus simple d'attribuer le mal moral à la liberté de l'homme, & le mal physique à la punition du mal moral; mais cette idée n'étoit pas assez systêmatique pour les Philosophes: ce n'est ordinairement qu'après de grands efforts d'imagination qu'on revient à la Nature; & Colomb laissa épuiser l'industrie des seigneurs de la cour de Castille, avant de casser l'œuf qui devoit lui ouvrir le chemin du Nouveau-Monde.

Lactance qui a quelquefois défendu une bonne cause avec la foiblesse qui caractérise la plus mauvaise, a dit, en réfutant Manès, qu'il falloit que Dieu produisît le mal, afin de communiquer à l'homme le sentiment du bien. Lactance a dit une absurdité; car le bien subsiste par lui-même, & non simplement par relation. J'aurois tort de dire que je ne connois point la liberté, parce que je n'ai jamais été esclave: comme il seroit ridicule de contester du génie à Montesquieu, parce que dans ses ouvrages sublimes il est toujours semblable à lui-même. Lactance semble aussi dire une impiété; car un Dieu qui produit le mal est un être mal-faisant: ce qui est incompatible avec l'idée de son existence. Le critique est donc plus coupable encore que l'hérésiarque qu'il refute; puisqu'il vaut mieux être Manichéen, que de former des Athées.

La raison est assez forte par elle-même, sans lui prêter l'appui des sophismes ; examinons si, sous quelque face qu'on envisage la doctrine des deux principes, elle ne révolte pas l'éleve de la Nature.

Si Arimane est subordonné à Oromaze, il cesse d'être principe. S'il est son égal, l'un & l'autre ne l'ont jamais été.

Une premiere cause ne peut subsister sans être active ; or dans le système de Zoroastre, tandis qu'un génie agiroit, l'autre seroit obligé de se reposer.

Supposez un accord parfait entre Oromaze & Arimane ; voilà le Dieu du bien qui approuve le mal ; ce qui n'est pas différent de le faire, & alors le Dieu du mal est un personnage inutile dans le système oriental. — Faites combattre les deux principes, le vainqueur seul sera Dieu ; mais ce vainqueur

vainqueur l'étoit-il avant sa victoire?

Quand, par un prodige qui confondroit à chaque instant notre raison, les deux principes pourroient se combattre sans cesse sans se détruire, ils seroient encore les plus malheureux des êtres; le Dieu du bien verroit régner le mal, & le Dieu du mal verroit régner le bien.

En vain quelques mages, pour sauver l'honneur de Zoroastre, subordonneroient-ils Oromaze & Arimane au grand dieu Mithra; ils deviendroient peut-être plus conséquens, mais sans être moins absurdes. Pourquoi l'Être par excellence permettroit-il au principe du mal de le faire? pourquoi se laisseroit-il dépouiller par le principe du bien du plus sublime de ses privileges? — Arimane attesteroit la méchanceté de Mithra & Oromaze sa foiblesse.

Il y auroit encore d'autres objections à faire. — Un physicien pourroit demander aux Orientaux, comment deux êtres peuvent exister dans le même lieu sans se pénétrer; un politique, comment on peut punir le crime, puisqu'un Dieu en est l'Auteur; un homme foible qui fait tour à tour le bien & le mal, lequel des deux principes a créé son ame, &c. &c. &c: le Manichéen a mille absurdités à dévorer, & une seule suffit au Philosophe pour le dégoûter du Manichéisme.

CHAPITRE V.

De la Superstition.

LA Philosophie de tout tems se déchaîna contre la superstition, & ce service rendu au genre humain, que l'envie même reconnoît, devroit bien rendre indulgent pour les torts qu'on lui suppose.

La superstition peut se définir la religion que le peuple se fait à lui-même; il n'est point surprenant qu'un esprit foible & vain ne pouvant s'élever jusqu'à l'idée sublime de Dieu, le rabaisse pour le mettre au niveau de son intelligence; la foiblesse empêche d'aller jusqu'à la regle, la vanité conduit au-delà; mais la foiblesse réunie à la vanité, n'y font atteindre que pour la courber.

Le peuple ne dénature pas tout d'un coup un culte établi; il commence par couvrir d'une gaze légere la statue de la vérité; il multiplie ensuite les ornemens bizarres dont il la surcharge, jusqu'à ce qu'il adore en elle tout ce qui n'est pas elle; les hommes de bien qui tentent de déchirer ce tissu frivole sont traités de sacrileges; mais de tems en tems les voiles tombent d'eux-mêmes, la vérité paroît nue, & la vertu est vengée.

Quelques légistateurs ont cru que la superstition étoit nécessaire aux peuples pour les forcer à respecter les loix ; mais on remarque qu'un homme superstitieux est ordinairement un très-mauvais citoyen, parce qu'après s'être créé un dieu, il veut se créer une patrie.

Lisez la vie de Louis XI, & celle de Henri IV, vous verrez que quand la superstition regne chez les rois, elle fait l'opprobre des peuples, & que quand elle regne chez les peuples, elle fait le malheur des rois.

S'il étoit vrai que la superstition fût l'unique frein que des tyrans pussent opposer aux nations pour s'en faire obéir ; ce monstre seroit encore plus digne de l'horreur des hommes, puisqu'il ne les aveugleroit que pour les rendre esclaves.

Les articles suivans serviront à éclaircir quelques idées sur les causes de la superstition & sur ses effets ; il est utile à l'éleve de la Nature de suivre la plante empoisonnée depuis son germe jusqu'à son développement.

ARTICLE PREMIER.

Idées fausses de la Divinité.

Quand le peuple se fait ses dieux, il les fait d'ordinaire inconséquens, vils, & méchans comme lui ; quand il trouve le culte raisonnable de l'Etre suprême et li, il voit encore ce dieu, non tel qu'il est, mais comme il l'auroit fait.

Le Philosophe Antipater a défini Dieu un animal heureux, immortel & bon à l'homme (*a*). — Il

---

(*a*) *Plutarc. de Repugn. Stoycor.*

a écrit ce que le peuple pense, mais ce qu'il n'a jamais osé dire.

Quand on lit ce recueil des erreurs & des crimes des hommes, qu'on appelle l'histoire; on voit que les dieux des nations ont pris insensiblement la teinte des mœurs, du caractere & des inclinations de leurs adorateurs. Des peuples destructeurs ont adoré Saturne, Mars, ou une épée; l'isle de Chypre &. Sybaris n'ont élevé des temples qu'à Vénus; les habitans de la Virginie, qui ne se trouvent heureux que quand ils ont une pipe à la main, ont fait consister les privileges du grand dieu Kiwasa à fumer sans cesse (a).

(a) Pour que les Sauvages se maintiennent dans leur crédulité, & que le tabac ne manque jamais sur les autels de Ki-

Il peut y avoir des peuples entiers superstitieux, & je me doute bien que des Tartares, des Esquimaux & des Caffres ne sont pas faits pour être éclairés par des Platons, & encore moins pour les faire naître.

Pour les peuples que la Philosophie & les arts ont tirés de la barbarie, la plus vile superstition ne déshonore que la derniere classe des citoyens; ce seroit calomnier de gaieté de cœur, une partie du genre humain, que de supposer qu'Aristide, Caton & Antonin se soient inquiétés du cri d'une souris, ou

---

wasa, ses prêtres fument sans cesse derriere sa statue. — *Voyez* Cérémonies & coutumes relig. des peuples idolâtres, Tome 3.

aient fléchi le genou devant un arbre de la forêt de Dodone.

Il s'est même trouvé sur la terre des dieux si ridicules, qu'il n'est pas vraisemblable que le plus stupide des hommes les ait révérés à l'égal des dieux de la premiere classe. Jamais on ne me persuadera que le Poireau des Egyptiens, le Hanneton des Caffres & le dieu Crépitus ont été pris pour l'Être éternel qui lance la foudre.

Il en est de même des divinités obscènes; Priape, Pertunda, Cotytto, n'ont eu des adorateurs que chez les Phrynès & les Laïs, & non dans les temples. J'aime à me persuader que les jeunes Romaines ne connoissoient point ces êtres impurs, dont elles n'auroient pu prononcer le nom sans rougir; il eût été bien difficile que la morale fût restée dans leurs cœurs tandis que l'impudicité étoit sur l'autel.

La superstition qui me paroît la plus digne d'indulgence, est celle qui place au rang des dieux les bienfaicteurs du genre humain; cette erreur fit quelques grands hommes; ce fut du moins un crime utile à la terre.

S'il y eut jamais un crime fatal aux hommes, ce fut celui de ces Romains qui firent l'apothéose de tous les empereurs qui les opprimerent; qui justifierent l'adulation par l'impiété, & qui tenterent de mettre les tyrans à l'abri de la foudre en la plaçant dans leurs mains.

Il semble que l'idée sublime de Dieu ne puisse pénétrer dans l'esprit du peuple, sans s'allier avec de petites idées qui la dépravent : lorsqu'il a le bonheur de naître dans le culte que le ciel & la raison avouent, il doit écouter la loi, & la suivre sans l'interpréter; lorsqu'il suit une religion fausse, il doit écouter les Philosophes.

ARTICLE II.

Faux Dogmes.

ON a souvent prescrit pour le culte de la Divinité des dogmes essentiellement opposés à la Nature ; mais il n'y a que la superstition qui puisse les adopter ; l'homme de bien se dit à lui-même : soyons vertueux malgré les oracles. Un prêtre ment quelquefois, mais la Nature ne ment jamais.

On a beaucoup agité dans ce siecle cette question : S'il étoit possible qu'on eût fait un dogme aux jeunes Babyloniennes de se prostituer une fois dans leur vie, pour rendre hommage à Mylitta (*a*). S'il suffisoit, pour détruire ce fait, d'avoir une haute idée de la Nature humaine, de détruire avec art les opinions des an-

---

(*a*) Voici la traduction du texte d'Hérodote, qui a donné sujet à cette querelle. — Les Babyloniens observent la plus infâme de toutes les loix; la voici: Il faut que toute citoyenne de la ville aille s'asseoir dans le temple de Mylitta pour accorder une fois en sa vie les dernieres faveurs à un étranger. — On voit dans ce temple des allées, séparées par des cordages; les étrangers se promenent dans ces allées, & choisissent la femme qui les frappe davantage par sa beauté. Dès qu'une fois une Babylonienne est dans ce temple, elle ne s'en retourne point chez elle, que quelqu'amant n'ai jetté de l'argent sur ses genoux; alors ils sortent tous deux du tem-

ciens, & de railler avec grace les modernes, je me rangerois sans peine avec les critiques de ce système;

---

ple, & elle se prostitue — Il faut que l'étranger, en jettant l'argent, dise ces paroles : J'invoque pour vous la déesse Mylitta. — Quelque modique que soit la somme, elle ne peut ni la refuser, ni se dispenser de suivre celui qui la lui présente — On peut remarquer que hors delà une beauté de Babylone est incorruptible. — Les femmes dont la beauté & la taille attirent les regards, ne restent pas long-tems dans le temple; celles qui sont laides y demeurent jusqu'à ce qu'elles aient satisfait à la loi; il y en a même qui y restent jusqu'à quatre ans. — Hérod. Lib. I. parag. 199. Il est difficile de n'être pas vrai, quand on est aussi simple & aussi circonstancié.

mais le récit d'Hérodote devient vraisemblable, dès qu'on le confronte avec une multitude d'autres récits semblables faits par des historiens exacts ou des voyageurs accrédités. Il y a eu des faits aussi extraordinaires que la saine critique a adoptés, quoiqu'ils ne fussent pas appuyés d'un si grand nombre de suffrages; il se trouve un égal danger à tout nier & à tout croire dans les annales du genre humain; je me figure toujours la vérité historique entre la crédulité & le pyrrhonisme.

Qu'on songe qu'à Sparte la femme d'un citoyen ne lui appartenoit pas; qu'à Rome de graves magistrats célébroient tout nus la fête des Lupercales; qu'ailleurs on a porté en procession le dieu Phallus, qu'on a cru chez presque tous les peuples anciens que les dieux pouvoient jouir des mortelles, &c. & l'on s'étonnera moins que dans le climat brûlant de la Chaldée, les ministres de Vénus aient voulu éteindre les remords dans les cœurs ingénus qu'ils abusoient, en faisant un dogme du libertinage.

Il y a eu des cultes où un prêtre superstitieux a osé dire aux peuples : Sois foible ; sois vil ; sois injuste pour être agréable aux dieux ; le peuple s'est étonné, a hésité. — Et par conséquent a obéi.

Tout législateur qui brise le joug qui me lie à la pudeur, à l'amitié & au genre humain, n'est qu'un imposteur ; ses dogmes sont faux, par cela seul que mon cœur s'en irrite. Le sen smoral est pour moi un oracle plus sûr que les décrets d'un tel gouvernement, & il est plus naturel d'avoir des mœurs, que d'obéir à des loix.

ARTICLE III.

Vrais dogmes dont on abuse.

La superstition qui abuse des dogmes les plus sublimes est bien plus dangereuse que celle qui les détruit ; l'une en révoltant votre cœur, vous laisse entre les mains une arme pour vous défendre ; mais l'autre fait servir cette arme même pour vous égorger avec impunité.

Qu'un Lettré dise à un bon laboureur Chinois : Mon ami, je t'ordonne, au nom des dieux, de ne plus nourrir ton pere : cet homme grossier continuera tranquillement son sillon, & si l'érudit tente de le convaincre, il lui jettera des pierres. Mais que l'enthousiaste prenne un autre langage ; qu'il dise avec douceur : le premier ministre des autels est dans le plus pressant besoin ; sa vie vous est plus nécessaire que celle d'un vieillard qui penche vers sa tombe. Songez que vous êtes à Foë avant d'être à votre pere. — Alors je ne doute point que le stupide Chinois ne porte à la chapelle du Bonze, la gerbe qu'il comptoit porter à la cabane de son pere, & que pour être pieux, il ne s'expose à être parricide.

Le respect pour son souverain, pour son législateur, & pour son Dieu est établi par toutes les loix ; mais quand les Assyriens conclurent de leur vénération pour Sémiramis, qu'ils pouvoient épouser leurs meres ; quand les Perses adopterent le même usage par enthousiasme pour Zoroastre ; quand les Egyptiens justifierent le mariage d'un frere avec une sœur par l'inceste sacré d'Isis & d'Osiris ; ils immolerent la Nature à l'opinion, ils furent superstitieux.

Souvent c'est abuser du dogme le plus pur que de trop l'étendre. Combien de fois pour observer l'esprit de la loi, doit-on s'exposer à en transgresser la lettre ? Serois-je bien venu au tribunal de l'Être suprême en lui disant que j'ai été pere, lorsque je devois être citoyen, ou que j'ai été citoyen lorsque je devois être le bienfaicteur de l'Humanité ?

Il y a mille manieres d'abuser d'un dogme, & une seule de l'exécuter; ainsi pour un homme qui a de la piété, on doit en trouver mille qui n'ont que de la superstition.

ARTICLE IV.

Superstitions guéries par d'autres superstitions.

Dans ces siecles reculés, où chaque nation étoit aussi jalouse d'avoir ses dieux que ses rois, il arriva un fait qui dut amuser beaucoup les sceptiques de Memphis & de Babylone. — Les Chaldéens reconnoissoient le feu comme le principe de tout, & n'élevoient des temples qu'à cet élément destructeur; leurs mages, pour les persuader encore plus de l'excellence de leur religion, & du délire superstitieux de leurs voisins, ne manquoient pas de jetter sur le feu sacré toutes les divinités étrangeres dont ils pouvoient s'emparer; il y avoit déja long-tems que le feu des Chaldéens passoit pour le dieu des dieux, comme le souverain des Perses pour le roi des rois, lorsqu'un prêtre de Canope, qui adoroit le fleuve du Nil, s'avisa de faire sculpter une statue qui représentoit sa divinité, de la remplir d'eau intérieurement & de ne fermer l'ouverture qu'avec de la cire; les mages, toujours présomptueux placent l'idole sur l'autel embrasé; mais l'eau s'étant échappé de l'ouverture, éteignit le feu. Les Egyptiens remporterent en triomphe le dieu de Canope, & les Chaldéens furent convaincus qu'ils n'adoroient qu'une divinité subalterne (a).

(a) Le fond de cette histoire est ti-
L'absurdité

L'abſurdité d'un culte étranger eſt toujours pour un peuple une raiſon triomphante pour reſter dans le ſien ; de ce que ſes voiſins ſont dans les chaînes, il en conclut qu'il eſt libre ; & il ſuffit d'expoſer à ſes yeux le délire de quelques ſuperſtitions pour le faire raiſonner comme les Lahmans de Canope.

Cependant la difformité d'un Européen ne doit pas prouver à un Negre qu'il eſt le chef-d'œuvre de la Nature ; le culte du Nil n'eſt pas plus pur que celui d'un Hanneton. Le Bonze ne doit point rire du faquir, & le Brame qui admet la Métempſycoſe de ſon dieu Wiſnou, ne doit pas maudire le Siamois qui croit aux Métamorphoſes de Sammonocodom.

---

ré d'Euſebe. *Voyez hiſt. eccleſiaſt. Lib.* 11, *cap.* 26.

ARTICLE V.

Abus dans le culte.

Il faut tâcher d'être court, malgré l'abondance de la matiere, & ne consacrer que quelque lignes à établir ce que des hommes très-sçavans ont effleuré dans plusieurs volumes in-folio (*a*).

On est superstitieux non-seulement parce qu'on est foible, mais encore afin d'avoir le privilege de l'être

---

(*a*) *Voyez* surtout les coutumes & cérémonies religieuses des peuples du monde, &c.

impunément; en effet, dans les ames viles la superstition justifie aisément les crimes qu'elle fait commettre. — J'ai parlé d'ames viles & je ne me dédis pas, quoique j'aie en vue ce Henri III, qui croyoit légitimer ses débauches par des processions; ce Louis XI, qui faisoit couler sans remords le sang du juste, pourvu qu'il eût sans cesse une sainte Vierge à son chapeau; & ce Cromwel, qui crut acheter par ses discours mystiques & ses visions, le droit d'assassiner son roi, & de donner des fers à sa patrie.

Un des plus grands abus des cultes est de trop donner à la contemplation, & pas assez à la vie active; examinez tous les visionnaires depuis les sectateurs de Foë jusqu'aux moines du Mont-Athos qui voient à leur nombril la lumiere du Thabor, vous les trouverez tous également enthousiastes de leurs opinions, pleins de fiel contre tout ce qui les environne, présomptueux sans lumieres & misantropes sans probité ; jamais les souverains ne trouveront en eux des citoyens ; jamais les citoyens n'y trouveront des hommes.

Dieu exige de nous de grands sacrifices : voilà le fondement de tous les cultes ; mais voyez la conclusion que les Locriens tirerent autrefois de ce principe ; dans un péril éminent ils firent vœu, s'ils remportoient la victoire sur leurs ennemis, de prostituer leurs filles le jour de la fête de Vénus (*a*) ; c'est-à-dire, qu'ils promirent de violer les mœurs publiques, si le ciel faisoit un prodige. — Ils s'engagerent, s'ils tuoient

---

(*a*) Justin. *Lib.* 21, *cap.* 3.

beaucoup d'hommes, à faire beaucoup d'outrages à la Nature.

Plus un législateur travaille pour le peuple, plus il expose sa législation à être altérée; s'il attache beaucoup d'importance aux choses indifférentes, bientôt on négligera les choses les plus essentielles; soumettre les rois à une république, enlever aux nations leurs privileges, ravager la terre pour y dominer, sembloient les dogmes les plus sacrés des Romains; tandis que le cri d'une souris faisoit perdre la dictature à Fabius Maximus (*a*), & que la rencontre d'un loup, d'un chien noir, ou de quelque poulet qui ne mangeoit pas, suffisoit pour déconcerter les conquérans du monde.

(a) Valer. Maxim. *Lib.* 1.

On connoît ma vénération profonde pour le culte sublime de mes peres; mais je ne voudrois pas qu'on mêlât les rêveries de quelques moines aux principes augustes des Paul & des Chrysostôme; je ne voudrois point qu'un frénétique vînt me dire impunément que celui qui adore les prodiges de l'Evangile, doit croire ceux de Macaire, qui fit sept ans pénitence pour avoir tué avec colere une puce (*a*), & le miracle impie de François... qui tua un homme afin d'avoir le plaisir de le ressusciter (*b*).

(*a*) Apolog. pour Hérodote, *ch.* 24.
(*b*) Voici le texte. — *Locus est dictus de Nuceriâ in quo beatus Franciscus fecit illud insigne miraculum, quod cujusdam medici fi-*

On peut rapporter à cette manie de faire faire à la Divinité des prodiges ridicules, ou d'en exiger, les épreuves de l'eau bouillante & du fer chaud, si fort en usage parmi nous depuis le sixieme jusqu'au treizieme siecle (*a*), & sur-tout le duel, regar-

---

lium primogenitum primo occidit & contritum suscitando restituit. — *Voyez* Conformités de S. François, *Feuill.* 120. — J'ai souvent desiré que le Parlement examinât nos livres ascétiques avec la sagesse avec laquelle il a examiné les constitutions des Jésuites.

(*a*) Ces mêmes épreuves sont de tems immémorial, en usage aux royaumes de Congo & d'Angola & dans la basse Ethyopie. *Voy.* l'Hist. de l'Isle de Ceilan. — C'est une consolation pour nous d'avoir eu des modeles parmi les Caffres.

de long-tems comme le jugement de Dieu, conseillé par les évêques & autorisé par les capitulaires de nos rois ; il étoit beau de faire un crime pour engager le ciel à en justifier un autre.

C'est aussi abuser du culte religieux que de faire ressortir les choses les plus indifférentes au tribunal de l'Être suprême, & de s'établir ensuite juge entre Dieu & un accusé. — Un capitaine, sous le regne de Louis XIV, fut arrêté à Siam avec tous les officiers de son vaisseau ; mais ensuite le roi craignant les suites de cette infraction du droit des gens, fit rendre la liberté aux Européens ; ces malheureux s'empressent de quitter une terre si fatale aux étrangers ; mais au sortir même du port, le vaisseau frappe contre un rocher, & menace de s'entrouvrir: cet accident oblige les navigateurs à rentrer dans Juthia ; alors les Talapoins vont trouver le souverain, & lui représentent que le ciel en punissant ces étrangers à la vue même du port, déclaroit avec évidence que c'étoient des scélérats dont le supplice seroit agréable à la divinité. La superstition l'emporta ; on arrêta de nouveau sur ce sophisme, les Européens, & on leur donna pour juges les prêtres mêmes qui les avoient accusés (a). — Que d'objections un sage Siamois auroit pu faire au supers.

―――――――――

(a) *Voyez* dans l'Histoire des voyages, Tome 4, celui du Capitaine William à Bantam & à Banda.

titieux Chaou-Naraye ? Quel pouvoir avez-vous fur des étrangers pacifiques ? qu'a de commun un naufrage avec les crimes contre la divinité ? qui vous a établi le vengeur du ciel ? pourquoi foumettre de nouveau cette affaire à la décifion des Talapoins, puifqu'en accufant leurs adverfaires leurs bouches impures les ont déja jugés ?.. O grand roi ! changez de projet, faites juger vos prêtres eux-mêmes par les Européens qu'ils calomnient ; vous ferez plus jufte, & les juges qui leur pardonneront le feront aufli.

Le trop grand luxe dans les cérémonies extérieures peut tenir de la fuperftition ; une hécatombe n'a pas plus de prix que l'hommage d'un fruit aux yeux de celui qui voit notre monde comme un point dans l'immensité ; de plus, il s'enſuivroit qu'on ſeroit plus homme de bien à proportion des richeſſes qu'on offriroit à la Divinité, & que le cœur de l'indigent ne vaudroit pas l'or du riche qui l'opprime.

C'eſt particuliérement dans la pompe des funérailles que cet abus paroît dans toute ſon abſurdité. Si jamais l'égalité naturelle entre les hommes dut être rétablie, c'eſt particuliérement à l'inſtant où toutes les grandeurs de convention diſparoiſſent, & où la cendre du plus vil des humains va, peut-être, ſe confondre avec celle de Cyrus & d'Alexandre.

Il n'y a point de partie du culte religieux, qui ne puiſſe devenir un écueil pour les ames petites & ſuperſtitieuſes : comment n'abuſeroiton pas d'un culte, puisqu'on abuse de la loi naturelle? — Mais je m'arrête, afin qu'on ne prenne pas la critique des choses pour la satyre des personnes.

ARTICLE VI.

Disproportion entre les délits & les peines.

Le superstitieux & le fanatique s'accordent à ne mettre aucune proportion entre les offenses contre le ciel & le supplice qu'elles méritent; mais l'un les excuse avec foiblesse, & l'autre les condamne avec rage; le premier fait douter qu'il y ait un Dieu vengeur ; le second veut se rendre , malgré lui , l'instrument odieux de ses vengeances.

La superstition qui tend à affoiblir l'idée naturelle des crimes, a les suites les plus dangereuses pour un Etat ; c'est un poison lent qui fermente insensiblement dans le corps politique, jusqu'à ce qu'il soit détruit. On n'observe pas assez que les passions mal dirigées font des hommes foibles & vils, mais que les corrupteurs de la morale forment des scélérats; il n'y a qu'un Philosophe qui puisse soupçonner le bien que les Provinciales ont fait au genre humain.

Les Barbares qui ont cru que l'urine d'une vache ou les sachets infects du grand Lama, pouvoient seuls purifier les souillures de l'ame, ont insulté également Dieu & les hommes ; le frein qui retenoit alors les citoyens a été rompu ; Caïn a dit : Je tuerai ce matin Abel, & ce soir j'aurai un sachet.

Nous orgueilleux Européens, ne nous emportons pas contre les Tartares ; n'avons-nous pas vu la chancellerie Romaine taxer à une amende de cinq carlins (*a*) la réparation de l'inceste, & à huit celle du parricide (*b*) ?

Le président de Montesquieu a relevé quelques conséquences affreuses de ce genre de superstition ; mais les plus grands traits de lumiere, au grand étonnement de l'Europe, sont venus de l'Italie. Voyez l'ouvrage cé-

---

(*a*) Le Carlin, monnoie de Naples, s'évalue à 7 sous de France.

(*b*) *Voyez* la taxe de la Chancellerie Romaine, imprimée à Cologne chez Goswin en 1515, Tit. *de Causis matrimonialibus.* — Avant de lire cet ouvrage, je n'ai pas cru que le délire de la superstition pût aller jusquà ce point ; je l'ai lu, & je ne le crois pas encore.

lebre du marquis Beccaria sur les délits & les peines (*a*).

(*a*) On suppose ici que ce bel ouvrage n'est pas né en France, & que le Marquis Beccaria en est plus que le Traducteur.

ARTICLE VII.

Des Asyles.

Un crime contre la société peut s'envisager sous deux rapports; comme un outrage envers la Divinité, & comme une infraction de l'ordre politique; il peut se faire que l'offense envers le ciel soit légere, tandis que le pacte social paroît grièvement blessé; tel est le cas du meurtre involontaire : sous ce point de vue les asyles me paroissent le plus beau monument de la sagesse des législateurs; ils ont, sans cesser d'être justes, rendu à leurs concitoyens la vie d'un homme respectable; ils ont pris Dieu même pour médiateur entre un malheureux & les loix.

L'humanité religieuse des législateurs a ensuite dégénéré en superstition, quand les asyles qui n'étoient établi que pour les malheureux, ont pu devenir la demeure des scélérats; alors l'homme foible s'est enhardi au crime; & quand la mesure a été comblée, tranquille aux pieds du Dieu qu'il jouoit, il a bravé les hommes.

Tibere ne se fit point un système de scélératesse; il sçut quelquefois se contenir lorsque le poids du despotisme l'entraînoit vers le crime; ce fut dans un de ces intervalles d'équité qu'il déclara dans un édit que tout homme convaincu d'un grand crime seroit puni, quand même il faudroit l'arracher de l'autel de Jupiter (*a*). Pie II, n'étant encore que Monſignor Picolomini, fit auſſi remarquer aux Italiens, que la multitude des aſyles avoit fait de Rome une caverne de brigands (*b*); mais il changea d'avis quand il devint Pape (*c*).

──────────────

(*a*) Plin. *Hiſtor. natur. Lib.* 16, *cap.* 40.
(*b*) *Pius ſecundus in Aſid.*
(*c*) Ce Pontife eſt un des plus inconſéquens qui aient occupé le Siege de S. Pierre; n'étant que ſimple Théologien, il avoit écrit avec ſolidité en faveur du Concile de Bâle contre Eugene IV; lorſqu'il fut Pape il publia une Bulle pour retracter cet ouvrage. Les eſclaves de corps & d'ame qui peuvent être encore en Italie, doivent auſſi à Pie II, la Bulle *Execrabilis*, contre les appels au futur concile & l'abolition de la Pragmatique-Sanction.

Après Rome, le lieu du monde où la multiplicité des asyles a le plus fait gémir les ames sensibles, est l'isle de Madere ; le plus insigne scélérat se dérobe à la poursuite des loix, s'il peut seulement toucher le coin d'une église ; & comme Madere est entiérement couverte de temples & de chapelles, l'assassinat & l'inceste n'entraînent avec eux aucun danger (*a*); tout le monde trouve dans

_____

(*a*) Les crimes y seroient déja très-communs, quand même l'espérance de l'impunité n'en feroit pas commettre ; le meurtre est regardé dans l'Isle comme une faute légere, & un Portugais n'acquiert la réputation de brave qu'à force d'avoir les mains teintes du sang des hommes. Les Insulaires sont la plupart esclaves ; mais les conquérans les conso-

cette isle un asyle assuré, excepté l'homme de bien qu'on méprise, ou l'homme de talens qu'on envie.

Quelquefois des souverains effrayés des suites terribles de l'impunité, avoient tenté de restreindre les privileges des asyles; mais alors

---

lent de leur servitude en leur permettant de les servir avec une épée & un poignard à leur côté ; aussi les esclaves sçavent assassiner comme leurs maîtres. On peut consulter sur ce sujet Ovington, Ramusio, Dapper & d'autres voyageurs cités dans l'histoire universelle d'une société de gens de lettres Anglois, *Tom.* 24. Histoire des Isles de l'Afrique, *Liv.* 20, *ch.* 4.

Je ne sçais quel est le plus coupable dans Madere, du maître qui assassine par point d'honneur, de l'esclave qui tue par intérêt, ou du Clergé qui protege par ses Asyles tant d'assassinats ?

le peuple furieux avoit menacé de briser le joug de l'obéissance; il croyoit qu'on ne pouvoit toucher à l'institution politique des asyles, sans toucher à la religion, & il protégeoit les scélérats avec le même zele que les ministres des autels.

Qu'il n'y ait aucun asyle dans un Etat, il sera peuplé de malheureux; que tout y soit asyle, il sera peuplé de brigands.

ARTICLE VIII.

Des Ministres de la Religion.

Dès qu'on suppose la nécessité d'un culte, il faut admettre des ministres pour le régler; ces ministres ne seront sans pouvoir que dans une religion politique où le souverain réunit les deux têtes de l'aigle, & où les membres de l'Etat ne sont pieux que parce qu'ils sont citoyens.

D'un autre côté il n'y a que la superstition qui puisse donner trop d'extension à la puissance du sacerdoce; armer l'un contre l'autre, le trône & l'autel, & faire taire les loix, pour faire parler des prêtres.

Il n'y a qu'une occasion où il

semble utile aux peuples que les ministres de leur culte partagent le pouvoir souverain ; c'est lorsque le depotisme des rois est à son comble & menace de tout engloutir ; le dirai-je ? l'insolence des patriarches de Russie & des Muphti a souvent épargné des torrens de sang ux nations asservies aux Czars & aux Sultans. Il est affreux sans doute de guérir les maux de l'esclavage par ceux de la superstition ; mais on réussit par-là à rendre les uns & les autres moins sensibles : opposez un torrent à un autre, leurs flots se briseront avec effort & leur onde réunie coulera ensuite dans une autre direction.

Il y a encore une occasion où cette espece de superstition a pu paroître moins nuisible au genre humain : c'est lorsque les législateurs se se sont faits les prêtres de leur nation, pour donner le dernier sceau d'authenticité à leurs loix ; cette fourberie sacrée a été mise en usage en tout tems & chez presque tous les peuples ; Minos reçut son code de Jupiter ; Lycurgue d'Apollon, Zaleuque de Minerve, & Numa d'Egerie ; Xamolxis se prétendit inspiré de Vesta, & Charondas de Saturne ; Zoroastre fit croire qu'il n'étoit que l'interprète d'Oromaze, Hermes celui d'Isis & Manco-Capac celui du Soleil : ces hommes célébres qui ne pouvoient faire entendre au peuple leur langage sublime, & qui dédaignoient d'emprunter le sien, feignirent de tenir leurs institutions du ciel ; ils eurent recours à l'autorité parce qu'ils sentoient l'insuffisance de la raison ; & se défiant de l'éloquence des Sages, ils eurent l'audace de faire parler les Dieux.

Il seroit toujours à souhaiter que les ministres de la religion, n'eussent aucune influence dans les affaires politiques. Pourquoi des hommes qu'on suppose exempts de passions, prendroient-ils part aux querelles sanglantes des Etats ? Où sera donc la paix, si quand la terre est en proie à la discorde, elle ne se trouve pas aux pieds des autels ?

Quand la superstition conduit les prêtres au despotisme, les peuples & les rois doivent trembler; je vais citer un trait de l'histoire Africaine pour n'offenser personne.

Un Marbut, dans le siecle dernier, se prétendit inspiré de Dieu pour venger les Negres de la tyrannie de leurs rois. Quand il vit que l'esprit de rebellion commençoit à fermenter, il promit à ses partisans, au nom des plus fameux Fetiches, que dorénavant la terre produiroit une moisson abondante, sans qu'ils prissent la peine de la cultiver. Le Negre est le plus paresseux des hommes, & la perspective du repos a autant de charmes pour lui, que celle du paradis de Mahomet pour un bon Musulman. Une foule de mécontens se rangerent sous les étendards du nouveau prophete; la révolution bientôt devint générale; on détrôna le Damel, & après avoir couronné à sa place le Marbut, on attendit tranquillement l'effet de ses promesses. Les extases du Moine ne produisirent aucun miracle; une famine horrible se fit sentir parmi ses sujets, & ils en vinrent jusqu'à se manger les uns les autres. Cet horrible fléau fit disparoître la superstition Africaine ; l'enthousiaste fut chassé du trône, & depuis ce tems-là on n'a souffert aucun Marbut dans le pays (a) ; les Négres aiment encore mieux souffrir de la tyrannie des rois, que d'obéir à des propheres qui les rendent antropophages.

Les Marbuts sont de grands fourbes ; mais les Gangas de la Côte occidentale d'Afrique où se trouve la Colonie Portugaise de San-Salvador, méritent de les faire oublier ; ces prêtres semblent avoir réuni toutes les especes de superstitions répandues dans les fausses religions de la

---

(a) *Voyez* le fond de cette anecdote dans l'hist. génér. des voy. *Edit. in-12*, Tom. 10.

terre ; c'eſt la ſociété la plus corrompue qui exiſte dans les deux Mondes; les uns ſe diſent ſorciers & diſtribuent des amulettes pour guérir les maladies qu'on n'a pas ; d'autres ſe chargent de détruire l'effet des enchantemens de leurs confreres ; d'autres enfin, ont la ſurintendance de l'atmoſphere & ſe vantent de procurer la pluie, la grêle & la foudre : on s'imagine bien que ces impoſteurs ne donnent pas gratuitement leurs bénédictions à leurs crédules adorateurs. Eſt-on malade ? on appaiſe la divinité offenſée par les preſens qu'on offre à ſes miniſtres. Se porte-t-on bien ? on prévient les maladies par des offrandes. Si la peſte vient ravager l'Afrique, les Gangas s'établiſſent ſeuls médiateurs entre le ciel & le peuple, & ils ſe font payer à proportion des déſaſtres qu'a déja causés la contagion. Mais l'opinion la plus dangereuse qu'ils ont inspirée aux Negres, c'est que personne ne meurt naturellement; c'est toujours un des ennemis du malade qui l'a ensorcelé pour le faire périr. Si le Gangas est consulté en particulier, il a recours à ses conjurations, & fait un portrait vague du coupable; il suffit alors qu'un des spectateurs échauffé par le spectacle croie reconnoître la victime, pour qu'on se saisisse d'un particulier & qu'on l'égorge; si la cérémonie se fait en public, le prêtre multiplie ses exorcismes, se jette ensuite comme un furieux sur un des assistans, & le conduit à un autel, où il l'oblige par forme d'épreuve, d'avaler une liqueur qu'il a eu soin de préparer; le malheureux, la mort dans le sein, se débat, entre en convulsions & justifie en expirant le monstre qui l'a empoisonné (*a*).

Dans tous les climats de la terre les ministres des autels ne doivent être occupés qu'à bénir les hommes, & à appaiser leurs discordes ; les puissances doivent agir envers eux comme le peuple d'Angleterre en a agi avec ses rois ; il leur a laissé le pouvoir absolu pour faire le bien , & il les a enchaînés, quand ils ont voulu devenir des tyrans.

Le Clergé a eu long-tems en France l'autorité politique, dont les souverains seuls devroient être déposi-

---

(*a*) *Voyez* Pigafet, Davity, Dapper, Labat & d'autres auteurs, cités Hist. universel. par une société de gens de lettres Anglois, *Tom.* 25, *Liv.* 20, *Ch.* 10.

taires (*a*); avec cette autorité il a acquis des richesses immenses; dans la suite les lumieres sont venues, on lui a ôté l'autorité & on lui a laissé les richesses; il s'agiroit d'examiner maintenant, si avec les richesses, il ne lui sera pas aisé de recouvrer l'autorité.

(*a*) *Voyez* les constitutions de Clotaire à l'année 560, art. 6.

Fin du Tome premier.

TABLE

DES MATIERES

DU TOME PREMIER.

A

Abraham, pris pour Zoroastre par Procope, *pag.* 111

Acosta n'est point un voyageur Philosophe, 162

Adam, pris pour Zoroastre par Cluvier, 111

Adultere effacé du nombre des crimes aux Molucques, 143

Q v

AGATHYRSES, horrible usage que leur législateur introduit parmi eux, 141

ALAINS, ont un culte, car ils adorent une épée, 88

ALCORAN, on y voit une belle définition de Dieu, 91

ALEXANDRE régardé comme un monstre par les Parsis, 113

ALGUAZILS chargés de veiller à la sûreté de l'Etat, s'entendent avec les assassins, 212

AMÉRICAINS, d'où ils viennent, 28 (note). Pen s'en fait adorer, 535

AMITIÉ, héroïsme horrible d'amitié chez quelques antropophages, 148. portrait de l'amitié, 190. elle ne subsiste point entre des scélérats, 232

AMMIEN MARCELLIN cité, 88 (note)

AMOUR, il ne faut point donner ce nom à la passion momentanée des Mikimaks, 33

AMOUR de la gloire vient de l'amour de soi ou de l'amour-propre, 191. de ses effets dans l'homme du peuple, *ibid.* & dans ces fanatiques heureux qu'on nomme des héros, 192. de l'amour de la gloire chez des conquérans, & chez Marc-Aurele, *ibid.* du même chez les hommes de lettres, 198. la gloire qui résulte du génie plus flatteuse que les autres, *ibid.* comme on abuse de cette gloire littéraire, *ibid.*

AMOUR de soi : tout être doit s'aimer ; c'est la loi de la Nature, 187. cette loi embrasse, peut-être aussi les végétaux, *ibid.* l'amour de soi empêche l'homme de n'être qu'un automate, 189. il est le germe de la bienfaisance, *ibid.* on peut abuser de l'amour de soi, 191. l'amour de soi est la base de tous les vices, & la source de toutes les vertus, 197

ANGOLA (habitans d') mangent leurs amis par amitié, 147. nos épreuves en usage parmi eux, 343. (note)

ANQUETIL cité au sujet des Parsis, 108 (note)

ANSON doit être distingué du vulgaire des voyageurs, 68 (note)

ANTILLES, les habitans de ces isles reconnoissent deux principes, 309 (note)

Antipater, définition de Dieu donnée par ce Philosophe, 319

Antropomorphite ; le peuple qui combine peu ses idées doit l'être, 86. l'homme du peuple qui donne son corps à la Divinité, & le Philosophe qui lui donne son esprit, sont tous deux antropomorphites, 177

Antropophages ; les Américains ne l'étoient pas, mais leurs conquérans ont été des calomniateurs, 106. ceux d'Angola mangent leurs amis par principe d'amitié, 147

Argensola cité sur les insulaires des Molucques, 143 (note)

Arimane, principe du mal, suivant les Perses, 307. ne peut être subordonné à Oromaze, ni être son égal, 312. on ne peut le supposer d'accord avec le dieu du bien, ni le faire combattre avec lui, *ibid*. il ne peut être subordonné au grand dieu Mithra, 313

Aristophane blasphême la Divinité en la défendant, 155

Aristote définit mal la Nature, 2

(note). fa lettre à Alexandre citée, 93 (note)

ARITHMÉTIQUE, principe de la Physiologie de Pythagore, 304 (note). manie d'être bel esprit en arithmétique, gagne aussi le siecle de Constantin, 305 (note)

ARMÉNIENS, loi féroce de ce peuple, 143

ARNAUD, cité parmi les Athées par le jésuite Hardouin, 165

ARRAKAN, il y a un temple dans ce royaume où l'on honore vingt mille dieux, 87 (note)

ASSYRIENS conduits à la superstition par leur respect pour Sémiramis, 333

ASYLES, en quoi ils sont utiles, 353. cette institution dégénere, 354. édit de Tibere contre les asyles, *ibid.* remarque de Pie II sur les asyles de Rome, 355. observations sur ceux de Madere, 356. réflexion politique sur les asyles, 358

ATHÉE; les Seres étoient des Athées ou des Philosophes, 98. l'Athée est un monstre dans l'ordre moral, *ibid.* un peuple d'athées ne sçauroit exister, *ibid.* le titre de législateur est incompatible avec celui d'Athée, 100. il n'est point de l'intérêt d'un monarque de gouverner des Athées, *ibid.* on a osé ranger les Lettrés de la Chine dans la classe des Athées, 129. Maupertuis veut ramener tous les Athées par une regle d'algebre, 153. liste d'Athées donnée par Locke & Bayle, est une foible preuve contre l'existence de Dieu, 159. liste d'Athées prétendus, donnée par des fanatiques, 165. portrait d'un vrai Athée, 167 dialogue entre un Théiste & un Athée, 259

ATHÉISME, conçoit-on des loix établies pour l'ordonner ? 100. l'Athéisme ne peut pas plus être ordonné que le suïcide, 101. prétendu Athéisme des Lettrés de la Chine, 129. preuve de Newton contre l'Athéisme, 152. l'accusation d'Athéisme est la plus grave qu'on puisse faire à des hommes, 164. elle a servi au malheur des hommes à talens, des rois & des sages, 165. à qui l'Athéisme est utile, 271.

DES MATIERES. 375

définition de l'Athéisme par M. de Félice, 287 (note)

AUGUSTIN (saint), son livre *De ordinatione* cité, 176 (note)

AULU-GELLE cité sur le Manichéisme, 307 (note)

AZA, son histoire, 53, &c.

B

BABYLONE; d'un dogme infâme en usage dans cette ville, 325

BACTRIENS, une de leurs coutumes féroces, 146

BARDESANE, fragment singulier de ce Philosophe de Syrie, 96

BARTHELEMI (M. l'abbé) prétend que la Chine est une colonie Egyptienne, 115 (note). réfutation de son opinion, 116 (note)

BAYLE a écrit contre la loi naturelle, 82. digression sur une calomnie de ce Philosophe contre le genre humain, 159

BECCARIA, son ouvrage sur les délits &

les peines, 352 & (note)

Bien et mal moral, d'où ils dérivent, 6 & 281

Bien et mal physique, d'où ils tirent leur origine, 6

Bienfaisance, cette vertu tire fon origine de l'amour de foi, 189

Bienveillance universelle, examen de fes abus, 140. fon utilité pour le genre humain, 142. crimes dont elle a été le prétexte, 143—144, &c. tout état dont la légiflation ne s'accorderoit pas avec le principe de la bienveillance univerfelle eft un état contre nature, 149. principe naturel, fur la bienveillance univerfelle, 186. le Théifme refferre les nœuds de la bienveillance, 289

Binaire, principe du mal, fuivant Pythagore, 307

Bonzes, vrais impofteurs, 103. ils portent à la Chine le culte de Foë, 125

Bosman cité fur un prétendu peuple d'Athées, 160 (note)

Boyle, de fa differtation fur les divers fens du mot Nature, 2. chaire qu'il a fondée pour prouver l'existence de Dieu, 154

BRENNUS, sa pratique confirme la théorie de Hobbes sur le droit naturel, 61

BROWER, son traité de *Adorationibus* cité, 180 (note)

BRUCKER cité sur le Manichéisme, 307 (note)

BUFFON admet la hiérarchie des êtres, 6

BURLAMAQUI a éclairé le genre-humain, 16. admet également la raison & l'instinct moral, 77 (note). ce Philosophe a plus d'autorité que son éditeur, 287 (note)

C

CABO-MONTE (Negres de) accusés faussement d'être Athées, 160 (note)

CADAMOSTO cité sur les Guanches, 95 (note)

CAFFRE, n'est point Athée, parce qu'il ne fait point de système, 163

CALICUT admet le système des deux principes, 305

CANARIES (Insulaires des) adorent la Nature, 93

CANG-HI, édit célebre de cet empereur, 129

CANOPE, histoire de ce dieu, 335

CARNEADE, réfutation de ses paradoxes, 20

CÉOS (Insulaires de) avoient une loi qui ordonnoit aux vieillards de s'empoisonner, 147

CHALDÉENS, de leur culte, 335

CHANCELLERIE ROMAINE, sa taxe des crimes. 351

CHARLES XII, ses vertus & ses vices également faits pour étonner le genre humain, 228

CHINOIS, Théistes, 103. ce peuple est-il une colonie Egyptienne, 115 (note). tableau de l'âge d'or de la Chine, 122. superstitions qu'on y apporte, 125. de l'Athéisme prétendu de cette nation, 129 & 161 (note)

CHIO (Insulaires de) ignorent l'adultere pendant 700 ans, 14

CITOYEN, devoirs du citoyen, 245, & du citoyen de l'univers, *ibid.*

CLARKE, partisan du système des rélations morales de Platon, 73

CLOTAIRE, ſes conſtitutions citées, 368 (note)

CLUVIER prend Zoroaſtre pour Adam, 111

CONFUTSÉE étoit Théiſte ; ce grand homme eſt le Philoſophe des rois, & peut-être le roi des Philoſophes, 128

CONGO, nos épreuves en uſage dans ce climat, 343 (note)

CONTES PHILOSOPHIQUES, hiſtoire Américaine fournie par un deſcendant des Yncas, 29. conte du Dalécarlien attribué à Maupertuis, 200

COPERBERIT, (mine de) deſcription de cet horrible ſéjour tirée du poëte Regnard, 213 (note)

COYA-MAMA-OELLO-HUACO a grande part à la légiſlation du Pérou, 29 (note)

CUDWORTH, ſon ſyſtême intellectuel comparé aux ouvrages de Pythagore, 303 (note). ce même ouvrage cité, 94 (note)

CULTE, il n'y a point eu de peuple ſans culte, 88. du culte de l'homme, 252. du culte du citoyen, *ibid.* le culte de l'Etre suprême doit être également éloigné de la superstition & du fanatisme, 253. de ceux qui admettent un culte exclusif, 285. éloge de notre culte, 291. pensée philosophique sur le culte, 297. jugement de la Nature sur les cultes de la terre, 301. des abus des cultes, 338. nécessité des ministres de la religion pour en régler le culte, 359

CUMBERLAND, sa définition du droit naturel, 63 (note)

D

DAIRI a 366 idoles pour sentinelles, 181. il est cependant l'esclave du Kubo, ibid.

DALÉCARLIEN, histoire de ce sauvage Philosophe, 200, &c.

DAMEL (le) détrôné par un Marbut, 363

DAPPER n'est point un voyageur Philosophe, 162. cité sur l'isle de Madere, 357 (note). cité sur les Gangas, 367 (note)

DAVITY cité sur les Gangas, 367 (note)

DESCARTES, sa preuve de l'exiſtence de Dieu, 152. ce Philoſophe eſt accuſé d'Athéiſme, 165

DEUMONE, principe du mal à Calicut, 308

D'HERBELOT, sa bibliotheque orientale citée, 88 (note)

DIEU n'eſt ſoumis qu'improprement aux loix de la Nature, 6. ſon exiſtence eſt le fondement de la religion naturelle, 84. la Nature ſe tait ſur ſon eſſence, 86. principe naturel ſur l'être ſuprême, 151. cette vérité fait le bonheur du genre humain, 157. dangers des idées philoſophiques ſur l'eſſence ſur Dieu, 170. ſabſurdités des idées populaires ſur l'eſſence de Dieu, 179. des légiſlateurs qui ont fait parler les dieux, 361

DIODORE de Sicile cité au ſujet de la Taprobane, 147 (note). au ſujet d'un peuple d'Athées, 161

DROIT NATUREL, ſa néceſſité générale, 4. ſa néceſſité particuliere pour l'homme, 8. ſon exiſtence, 14. ſon eſſence, 59. il oblige tous les hommes, parce qu'ils ſont hommes, & dès qu'ils ſont hommes, 66. preuve de son existence par son infraction, 82. faits qui servent au triomphe des loix naturelles, 141. principe du droit naturel sur l'Etre suprême, 151

E

Egypte, a-t-elle envoyé une colonie à la Chine ? 116 (note). ses idées saines sur la Divinité, 177. ses superstitions, 333

Enthousiasme, son effet chez les Quakers, 131 (note). plus un dogme est obscur plus on le reçoit avec enthousiasme, 305 (note). son effet chez les moines contemplatifs, 340

Epicure Laokium apporte ses dogmes dans la Chine, 125

Epreuves, manie barbare, 343

Erreur, ne fut jamais utile aux hommes ; 271

Euclide, certitude de la science qu'il a traitée, 248

Européens ; en subjuguant les Guanches, les ont rendus vils comme eux, 95

Eusebe, sa préparation évangélique citée, 90. (note). il a conservé un fragment singulier de Bardesane, 96. cité au sujet des Hyrcaniens, 146 (note). son panégyrique de Constantin cité, 305 (note). son histoire Ecclésiastique citée, 337 (note)

F

Fanatique, deux ou trois fanatiques dans un vaisseau Européen, suffisent pour créer des millions d'Athées, 164. parallele du superstitieux & du fanatique, 349

Fanatisme, doit-on en accuser les Quakers? 134. idée que le fanatisme donne de la Divinité, 183. culte de Dieu doit être éloigné du fanatisme, 253

Félice (le professeur de) a jetté quelques lumieres sur la nature du sens moral, 77 (note). cité, 79 (note). erreur de cet auteur, *ibid*. sa définition de l'Athéisme, 287 (note)

Fénelon, son système sur l'amour désintéressé, 190

FOE, les Bonzes transportent son culte à la Chine, 125

FONTENELLE prouve l'existence d'un être générateur par les phénomenes de la génération, 152. accusé d'Athéisme & pourquoi, 165

FORMEY, son éloge, 303 (note). son analyse des principes de Pythagore, *ibid.*

FOX (George), fondateur des Quakers : son caractere & son histoire, 135

FRERET, cité au sujet des Chinois, 161 (note). pourroit être un vrai Athée, 168

G

GALILÉE accusé d'Athéisme, parce qu'il étoit Physicien, 165

GANGAS, leur caractere, 364. leur horrible superstition, 365. leurs crimes, 366

GARCILASSO de la Véga cité, 40 (note). il a calomnié le genre humain, *ibid.*

GASSENDI accusé d'Athéisme, pour avoir réfuté les idées innées, 165

GERMAINS, leurs idées absurdes sur l'essence de Dieu, 179. leur dieu Thor, 180
GOBIEN (Charles le), cité au sujet d'un peuple d'Athées, 161 (note)
GOGUETTE, son origine des loix citée, 124 (note)
GRÉGOIRE de Nazianze, cité, 175 (note)
GRÉGOIRE de Tours, prend Zoroastre pour Sem, 111
GUANCHES, un des peuples les plus respectables de la Terre, 93. adorent la Nature, & n'adorent qu'elle, *ibid.* leur histoire, *ibid.*
GUEBRES, nom que la calomnie donne aux Parsis, 107
GUIGNES (M. de) prétend que la Chine est une colonie Egyptienne, 115 (note)

H

HALDE (pere du), cité, 69 (note). 130 (note). 144 (note)
HANNON, n'a pu faire un voyage de

long cours : foible autorité de son Périple, 121 (note)

HARDOUIN, ouvrage qu'il a composé pour calomnier de grands hommes, 165. note sur son *Athei detecti*, 166

HÉBREUX : étoient-ils des Athées ? 161 (note). que concluent-ils d'une rêverie du Talmud ? 250

HENRI III, croit légitimer ses débauches par ses processions, 339

HERBERT, ses voyages de Perse cités, 93 (note). & 141 (note). cité sur une coutume d'un peuple antropophage, 148 (note).

HERMES, il répand le dogme des deux principes, 302. éloge de ce grand homme, 303. il se dit l'interprete d'Isis, 361

HÉRODOTE, cité au sujet des Massagetes, 141 (note). traduction d'un morceau de cet historien, sur le culte de Mylitta, 326 (note). justification de cet écrivain, 328

HERULES, coutume féroce qu'ils ont adoptée, 146

HIÉRARCHIE des êtres, n'est qu'un beau paradoxe, 6

HIÉROGLYPHES adorés par les Egyptiens, 113. la conformité des hiéroglyphes des Chinois & des Egyptiens, n'est pas une preuve de l'identité de leur origine, 122 (note). ils ont été en usage chez toutes les nations primitives, *ibid.*

HOBBES compare la droite raison aux triomphes du jeu de cartes, 18. cité, 19 (note). autre paradoxe, 59 & 209. son *Tractatus Theologo-politicus* cité, *ibid.* (note). son traité *de Cive*, cité, 60 (note)

HOENETUNE, sous cet empereur, commença l'âge d'or des Chinois, 124 (note)

HOMME, peut violer l'harmonie générale, 5. le droit naturel est pour lui d'une nécessité particuliere, 8. son bonheur est attaché à la bienveillance universelle, 13. sa grandeur ne se borne pas à la petitesse de ce globe, 156. l'homme sçait calculer les merveilles des productions de la Nature, mais il est peu fait pour analyser ses principes, 172. ce n'est pas à l'homme à créer Dieu, 173. quelques peuples ont subordonné Dieu à l'homme, 181. l'homme doit s'aimer lui-même, 188. on cesse d'être homme en cessant d'être utile, 245. devoirs généraux de l'homme, *ibid.* de l'homme en rapport avec Dieu, 247. si le Théisme est nécessaire à l'homme, 256. si le Théisme suffit à l'homme, 284. le culte n'est pas fait pour Dieu, mais pour l'homme, 293

HORACE, ses satyres citées, 144 (note)

HOTTENTOTS, loi féroce de ce peuple, 244. ils adoptent le systême des deux principes, 308

HUCHETSON est un des premiers Philosophes qui ait découvert les rapports entre l'instinct moral, & les loix de la Nature, 75

HUDSON, les sauvages de cette Baye admettent les deux principes, 308 (note)

HUET, prend Zoroastre pour Moyse, 111. prétend que la Chine est une Colonie Egyptienne, 115 (note). réfutation de cette derniere opinion, 116 (note)

HUME rapporte à l'inſtinct moral le fondement des loix de la Nature, 75. il a bien peint les Quakers, & les a mal définis, 134 (note)

HYDE (le Docteur), cité pour les uſages religieux des anciens Perſes, 88 (note)

HYRCANIENS, uſage barbare qu'ils ont adopté, 146

I

JABLOUSKI, ſon *Pantheon Ægyptiacum*, 307

JAGUAR, tigre du Nouveau-Monde, 32 (note)

JANVIER (ſaint), n'eſt adoré que par le petit peuple de Naples, 85

INDIENS, d'abord n'écrivirent point leurs loix, raiſon de cet uſage, 65. Scah-Nadir fait dépendre ſa gloire de leur déſaſtre, 193

INFINI, quelle idée en avons-nous ? 174. Dieu eſt-il infini ? 175

INQUISITION, la crainte de ce tribunal

pourroit engager un homme de lettres à se dire Athée, 163. elle fait brûler les méditations de Descartes, & épargne les Œuvres du P. Hardouin, 167 (note)

INSCRIPTION, il y en a une sublime sur une statue d'Isis, 177

INSTINCT, celui des bêtes est quelquefois plus sûr que notre raison, 78 (note). parallele de l'instinct, en fait de beaux arts, avec l'instinct moral, 81 (note)

INSTINCT moral, 65. trois Philosophes en ont prouvé l'existence, 75. définition de cette faculté de l'ame, *ibid.* exemple de ses opérations, 76. son méchanisme est inexplicable, 77. il est un guide sûr dans le discernement du bien & du mal moral, 80. la plupart des nations l'ont étouffé sous un vil amas de superstitions, 93

INTÉRÊT, passion vile qui n'a de force que dans une ame froide & cadavéreuse, 21

ISIS, inscription célebre trouvée sur sa statue, 94 & 177

JUPITER, principe du bien à Rome, 307

JUSTIN, cité au sujet des Locriens, 340

JUTHIA, histoire arrivée dans cette ville, 345

K

KAEMPFER doit être distingué du vulgaire des voyageurs, 68 (note). cet auteur cité, 88 (note)

KANKANOR, histoire de cette Péruvienne, 45

KING (Guillaume), son traité *de origine mali* cité, 175 (note)

KIWASA, idée de ce dieu de la Virginie, 320. de l'artifice de ses prêtres, *ibid.* (note)

KRACHENINNIKOW, auteur Russe cité, 29 (note)

KUBO a le Dairi du Japon au nombre de ses sujets, 181

L

LABAT, cité sur les Gangas, 367 (note)

LA BRUYERE, son idée sur l'Athée honnête homme, 264 (note)

LACÉDÉMONE, loi féroce de ses habitans, 144. loi infâme, 328

LA CONDAMINE ne doit pas être confondu avec le vulgaire des voyageurs, 86 (note)

LACTANCE cité, 20 (note) & 176 (note). foiblesse avec laquelle il a défendu une bonne cause, 310. sa réfutation de Manès, 311. il est absurde & impie, ibid.

LA LOUBERE, ses voyages cités, 308 (note)

LAMA (le grand) ordonne aux Tartares d'adorer ses excrémens, 101. les Tartares maîtres de la Chine y introduisent son culte, 126

LANGUE, des premiers caracteres des langues originales, 122 (note)

LAO-CHE-NETSÉE, fragment de ce Philosophe, sur l'âge d'or des Chinois, 122

LAOKIUM, son culte, 103. ses dogmes, 125

LE COMTE (le pere), cité pour une anecdote de l'histoire Chinoise, 102 (note). autre anecdote au sujet des Bonzes, 125 (note)

LEGISLATEURS, si le droit naturel n'existe pas, sont les tyrans du genre humain, 15— ont tous respecté la morale, *ibid.* quelques législateurs ont détruit le grand principe de la bienveillance universelle, en voulant l'établir, 140. un législateur n'a aucun intérêt à fonder l'Athéïsme dans ses états, 169. de grands législateurs ont réduit en deux lignes le code des vertus sociales, 198. Machiavel veux plier la religion au caprice des législateurs, 253. tout législateur qui contredit la Nature est un imposteur, 329. des législateurs prêtres, 361

LEIBNITZ a adopté le systeme des relations morales de Platon, 73

LETTRÉS de la Chine, font encore aujourd'hui Théiftes, 102. de tems immémorial ils adorent un être principe, 117. ils n'adoptent point les fuperftitions de Laokium, de Foë, & des Tartares, 126. on a ofé leur donner le nom d'Athées, 129

L'HÔPITAL (le Chancelier de) accufé d'Athéifme, & pourquoi, 165

LOCKE, fes paradoxes, 19—82—159. fon éloge, 83. ce qu'il penfe de l'effence de Dieu, 275

LOCRIENS, leur vœu infâme, 340

LOUIS XI, fa fuperftition, 339

LOPI, cité, 124 (note)

LUCAIN, place les Seres vers les fources du Nil, 97 (note)

LUCRECE nie l'exiftence du droit naturel, 23. traduction de quelques vers téméraires de ce poëte, *ibid.* réfutation de fes paradoxes, 29. cité, 23 (note). 34 (note)

LYCURGUE, motif d'une de fes loix contre les mœurs, 142. éloge de fes inftitutions, 294. il prétend avoir reçu fon code d'Apollon, 361

LYSANDRE, ses paradoxes, 17

M

MABOYA, dieu du mal aux Antilles, 309 (note)

MACHIAVEL, ses paradoxes, 209 & 253

MADAGASCAR, usage féroce établi dans cette isle, 145

MADERE, abus de ses asyles, 356

MAHOMET a rarement altéré la morale, 16 (note). sa définition de Dieu, 91. il est regardé comme un monstre par les Parsis, 113

MAIMONIDE, ce Rabbin cité, 88 (note)

MALEBRANCHE admet le systême des relations morales de Platon, 72. cité parmi les Athées, par le Jésuite Hardouin, 165

MANCO-CAPAC, traits de son histoire, 29, &c. (note)

MANICHÉISME ou systême des deux principes, erreur universelle, 302, &c. sa réfutation, 309. origine de ce systême, *ibid.*

R vj

Marbut, histoire d'un prêtre de cette classe, 362

Marianois : étoient-ils Athées ? 162 (note)

Mars n'a pu être adoré que par un peuple destructeur, 320

Marsham, sa regle des tems citée, 88 (note)

Maffée ne peut être compté parmi les voyageurs Philosophes, 162

Martini, cause du reproche d'Athéisme qu'on fait aux Chinois, 161 (note)

Massagetes, horrible usage que leur législateur introduisit parmi eux, 141

Matchi-Manitou, dieu du mal à la baye d'Hudson, 308 (note)

Maupertuis veut ramener tous les Athées par une regle d'algebre, 153. cité au sujet de la Laponie, 157 (note)

Métempsycose, ses dogmes épurés par les Parsis, 110. incompatible avec le Christianisme, 127 (note)

Mexique, Cortez y a trouvé des hiéroglyphes, 123 (note). cette contrée adopte le systême des deux principes, 307

Minos prétend avoir reçu son code de Jupiter, 361

Mithra, quelques Manichéens font ce dieu supérieur à Oromaze & à Arimane; conséquence absurde qui en résulte, 313

Mikimaks, leur histoire, 30

Monade, ce que c'est dans les principes de Pythagore, 304 (note)

Montagne parle sagement de l'essence de Dieu, 175

Mont-Athos, des moines superstitieux qui l'habitent, 339

Montesquieu admet le systême des relations morales de Platon, 73. il est le Platon de la France, 193. gloire qu'il tire de l'esprit des loix, ibid. il s'est élevé contre la superstition, 351

More Nevokim, ouvrage de Maimonide cité, 88 (note)

Moxes, usage barbare de ce peuple, 144

Moyse, pris pour Zoroastre, par Huet, 111

MYLITTA, de son culte infâme, 326 (note)

N

NATURE, mal définie par Aristote, 2 (note). elle suffit pour faire connoître l'existence de Dieu, 86. elle n'éclaire pas de même sur son essence, *ibid.* elle est adorée exclusivement par les Guanches, 93. les Parsis sont ses disciples, 108. les Lettrés de la Chine conservent ses dogmes, 127. les Quakers voudroient nous ramener à son égalité primitive, 132. l'homme de la Nature doit toujours être en paix, 135. principe de la Nature sur l'Etre suprême, 151. Machiavel & Hobbes ont écrit que la loi du plus fort est la loi de Nature, 209. elle a dicté les loix de la société, entre Dieu & les hommes, 251. il faut plier la politique aux loix de la Nature, 253. jugement de la Nature sur les cultes de la terre, 301. la terre presqu'entiere a

regardé le Manichéisme comme le systême de la Nature, 302
NEWTON prouve l'existence de Dieu par le mouvement des planetes, 152. il a calculé les loix de la gravitation, mais n'a pu connoître son principe, 172
NICOLE, cité parmi les Athées, par le Jésuite Hardouin, 165
NOACHIDES, vrais Théistes, 139
NOTRE-DAME de Lorette, n'est adorée que par le petit peuple d'Italie, 85
NUMA prétend avoir reçu son code d'Egérie, 361

O

OROMAZE, principe du bien, suivant les Perses, 307. réflexions, 312, &c.
ORPHÉE, traduction de quelques vers de ce législateur, 91. sa doctrine, conservée par les prêtres d'Egypte, 94
OSIRIS, principe du bien, suivant les Egyptiens, 307
OTTER, son dessein sur la traduction

de Zoroastre, 112 (note). réponse à ses critiques, 113 (note)
OVINGTON, cité, 357 (note)

P

PACHACHAMAC, principe du bien au Pérou, 307
PANTANGAN, livre Indien, 89
PARAGUAY, admettoit deux principes, 309 (note)
PARSIS, leur culte, leur histoire & leur éloge, 107, &c.
PARTHES, loi féroce de ce peuple, 143
PASCHAL, cité parmi les Athées, par le Jésuite Hardouin, 165. entretien de Paschal avec Socrate, 286
PAUSANIAS place les Seres au-delà de la mer rouge, 97 (note)
PEN (Guillaume), fondateur du Quakérisme, 136. histoire de ce Solon Anglois, ibid.
PENSYLVANIE, bonheur de ses habitans sous leur législateur, 137

DES MATIERES.

PÉRIPLE, ouvrage de Hannon cité, 121 (note)

PERSE, adopta le fystême des deux principes, 307. peuples conduits à la fuperstition par la vénération pour Zoroaftre, 333

PÉRUVIENS, leur hiftoire, leur culte & leurs ufages, 27, &c.

PHALLUS, du culte de ce dieu, 328

PHÉNICIENS, dans les tems reculés, feuls navigateurs de notre Continent, 120 (note). n'ont pu, fans bouffole, entrer dans la mer des Indes, pour conduire à la Chine une colonie d'Egyptiens, *ibid.*

PHILADELPHIE bâtie & rendue heureufe par le législateur Pen, 137

PHILOSOPHE, il ne faut point l'être pour connoître le droit naturel, 71. tous les grands Philofophes ont reconnu le grand principe de la religion naturelle, 85. on peut regarder les Guanches comme les Philofophes de la Nature, 95. les Seres étoient fûrement des Philofophes, 102. fervice qu'il rend au genre humain, 107. chaîne de Théiftes que la Philosophie découvre depuis les premiers hommes jusqu'à nous, 139. ils se trompent dans les attributs métaphysiques qu'ils donnent à la Divinité, 174

PHILOSOPHIE, idées qu'elle fournit sur la nécessité générale des loix naturelles, 4. sur la nécessité particuliere du droit naturel pour l'homme, 8. & sur son existence, 14. premier conte philosophique, 29. considérations philosophiques sur l'essence du droit naturel, 59. danger des idées philosophiques sur l'essence de Dieu, 170. réflexions philosophiques sur l'histoire du Dalécarlien, 244

PIE II, sa remarque sur les asyles de Rome, il change d'avis en devenant pape, 355

PIGAFET, cité sur les Gangas, 367 (note)

PLAISIRS DES SENS, ne s'aimer que pour les satisfaire, c'est tromper l'institution de la Nature, 194

PLATON admet la hiérarchie des êtres, 6. est le législateur du genre humain,

16. son système sur les relations morales est une chimere ; exposition de ce système, 71

Pline, cité au sujet des mines d'Italie, 215 (note). son panégyrique de Trajan, 306 (note). son histoire naturelle citée, 355 (note)

Plutarque, cité sur les Romains, 14 (note). sur les Insulaires de Chio, *ibid.* sur un blasphême de Lysandre, 17 (note). sur un paradoxe de Brennus, 61 (note). sur une idée magnifique de Zénon, 92 (note). sur une loi de Lycurgue, 143 (note) & 144 (note). sur un usage féroce des Bactriens, 146 (note). sur des peuples d'Athées, 161. sur une inscription d'une statue d'Isis, 177 (note). ce qu'il pense sur l'universalité du dogme des deux principes, 306. éloge de ce Philosophe, *ibid.* cité sur le Manichéisme, 307 (note). & sur le Philosophe Antipater, 319 (note)

Pomponius Mela place les Seres au centre de la Sythie, 97 (note). cité sur les Agathyrses, 141 (note)

Pope admet la hiérarchie des êtres, 6
Population, l'Egypte n'a jamais été assez peuplée pour envoyer des colonies à la Chine, 116 (note). idées sur la population, 142
Pretres, sont nécessaires pour régler le culte religieux, 359. danger de leur donner trop de pouvoir, *ibid.* occasion où il est utile qu'ils partagent le pouvoir suprême, 360. des patriarches de Russie & du Muphti, *ibid.* des législateurs se sont faits prêtres, 361. histoire d'un prêtre Africain, 362. & des prêtres de la côte Occidentale d'Afrique, 364. du Clergé de France, 367
Prévost (l'abbé), cité pour son histoire générale des voyages, 69 (note). 87 (note). 88 (note). cité sur un usage d'un peuple d'Afrique, 144 (note). cité sur les usages des Hottentots, 145 (note). cité sur une coutume de Madagascar, *ibid.* cité sur une injustice des Talapoins de Siam, 345 (note). cité sur l'isle de Madere, 357 note). cité sur un Marbut 364 (note)

PRINCIPES, titre du premier livre, 1. principe naturel fur l'Etre suprême, 151. Sîtême des deux principes, *Voy.* Manichéifme.

PROCOPE prend Zoroaftre pour Abraham, 111. cité au fujet des Herules, 146 (note)

PROVINCIALES, bien que cet ouvrage a fait au genre humain, 350

PUFFENDORFF, fa définition du droit de la Nature, 62 (note). cité, 143 (note)

PYTHAGORE refpecta la morale, 15. répand le dogme des deux principes, 303. de l'obfcurité de fa Philofophie, *ibid.* (note). fes principes, fuivant M. Formey, *ibid.*

Q

QUAKERS, leur hiftoire, 131
QUESNEL (le pere), rangé dans la claffe des Athées, par le Jéfuite Hardouin, 165

QUIPOS, écriture hiéroglyphique des Péruviens, ils furent long-tems en ufage à la Chine, *ibid.* (note)

R

RABBIN, de ceux qui ont compilé le Talmud, 250

RAMUSIO, cité sur les Guanches, 95 (note). cité sur l'isle de Madere, 257 (note)

REGNARD, cité au sujet de la mine de Coperberic, 215 (note)

RELATIONS MORALES (système des) inventé par Platon, 71. multitude de grands hommes qui l'adoptent, 72

RELIGION NATURELLE, examen de ses abus, 84. l'idée de l'existence de Dieu est sa base, *ibid.* de ce qu'on a abusé de la religion naturelle, il faut conclure qu'elle existe, 89. tous les peuples n'en ont pas abusé, 92. exemples rés des Guanches, *ibid.* des Seres, 96. des Parsis, 106. des Lettrés de la Chine, 115. & des Quakers, 131. double réflexion qu'on peut faire sur ces exemples, 138

ROBINET rapporte à l'instinct moral le fondement des loix de la Nature,

75. éloge de ce Philosophe, 76. il parle sagement de l'essence de Dieu, 175

ROI, il n'est point de son intérêt de gouverner des Athées, 100. d'un roi Athée, 267. dans un temple le dernier des hommes est égal au premier des rois, 294

ROMAINS, s'abstiennent du parricide 600 ans, 14. ils ne veulent pas qu'on exploite les mines de l'Italie, 216 (note). ils adoptent le dogme des deux principes, 307

S

SADDER, paroles mémorables de ce livre, 111

SATURNE, monstre qu'il eût fallu étouffer, s'il eût été homme, 182. du Saturne de Carthage, 195

SAXONS, leurs deux principes, 368 (note)

SCAH-NADIR, heureusement ne fut pas conquérant par principe de Philosophie, 62. il fit dépendre sa gloire du désastre de l'Indostan, 193

Schouten, n'est point un voyageur Philosophe, 162

Sem, pris pour Zoroastre par Grégoire de Tours, 111

Semiramis, son culte fait des superstitieux, 339

Séneque a éclairé le genre humain, 16. cité, 72 (note)

Seres, histoire de ce peuple de Théistes, 96

Shaftesbury pouvoit être un vrai Athée, 168

Slaves, peuple Sarmate, leurs deux principes, 308 (note)

Société, l'amour de la société est aussi essentiel au genre humain que l'intelligence, 13. ce n'est point faire de sacrifice, que de remplir les devoirs de la société, 21. le code des vertus sociales pourroit être en deux lignes, 198. d'où dérivent les devoirs de la société, 244

Socrate vrai Théiste, 257. son entretien avec Wolmar, 259. son dialogue avec Paschal, 288

Sophocle, traduction de quelques vers de

de la tragédie d'*Œdipe tyran*, 70
SPINOSA renferme le droit naturel dans l'exercice des facultés animales, 59
SPRAT (le docteur) cité sur les Guanches, 95 (note)
STRABON cité au sujet des Insulaires de Céos, 147 (note). au sujet d'un peuple d'Athées, 161
SOLIS, sa conquête du Mexique citée, 308 (note)
SUPERSTITION, sa définition, 315. comment elle se modifie, 321. des peuples superstitieux, *ibid.* des diverses especes de superstitions, 325, &c.
SYPHON, principe du mal, suivant l'Egypte, 307

T

TAIBOTS, de ses 33333 idoles, 88 (note)
TALMUD, idée impie renfermée dans cet ouvrage, 250
TAPROBANE (Insulaires de) ont une loi d'une férocité singuliere, 146
TEMERANI, principe du bien à Calicut, 308

TERTULLIEN, son apologetique citée, 171 (note)

TESCALIPUCA, dieu du mal au Mexique, 308

TETRADE, ce que c'est dans les principes de Pythagore, 304 (note)

THÉISME autorisé par la législation des Seres, 97. si le Théisme est nécessaire à l'homme, 256. si le Théisme suffit à l'homme, 248

THÉISTE, le sage Confugtfée l'étoit, 102 & 257. les Lettrés le sont encore aujourd'hui, ibid. chaîne de Théistes, depuis les premiers humains jusqu'à nous, 139. Socrate étoit Théiste, 256. Cicéron, Marc-Aurele, Epictete, &c. l'étoient aussi, 257. dialogue entre un Théiste & un Athée, 259

THOR, idée de ce dieu des Germains, 180

THOT, nom que l'Egypte donnoit à Hermès, 302

TIBERE, son caractere, il donne un édit contre les asyles, 354

TIBILENSK, principe du mal chez les anciens Saxons, 308 (note)

DES MATIERES.

TIEN des Chinois est toujours pour les Philosophes l'Etre suprême, 85

TIGRE invisible, dieu du mal au Paraguai, 309 (note)

TRANSACTIONS philosophiques citées, 153 (note)

V

VALERE-MAXIME, cité sur Fabius Maximus, 341

VEJOVIS, principe du mal à Rome, 307

VERTOT, ses révolutions de Suéde citées, 86 (note)

VIRGINIE, caractère de ses habitans, 320

VITZILIPUTZILI monstre qu'il eût fallu étouffer s'il eût été homme, 182. principe du bien au Mexique, 308

ULRIQUE succede à Charles XII, caractere de cette princesse, 229

UNITÉ, principe du bien, suivant Pythagore, 307

VOSSIUS, cité, 40 (note). il a calomnié le genre humain, ibid.

X

Xamolxis se prétend inspiré de Vesta, 361

Xénophon, cité, 18 (note)

Y

Yncas, hiéroglyphes trouvés dans leur empire, 123 (note)
Y-King de Fohi écrit avec des quipos, 27 (note). Y-King de Confugtsée, 193

Z

Zaleuque prétend avoir reçu son code de Minerve, 361
Zeevuboch, dieu du mal chez les Slaves, 308 (note)
Zenda-Vest, ouvrage de Zoroastre, devient l'évangile de l'Orient, 303 (note)
Zénon admet le système des relations morales, 72

ZOROASTRE respecta la morale, 15. définit d'une maniere sublime l'Etre suprême, 90. sa doctrine s'est conservée chez les Parsis, 107. il fit deux millions de vers, 112 (note). il se dit l'interprete d'Oromaze, 361

W

WALDEMAR, histoire de cette Suédoise, 203, &c.
WARBURTON soutient le système des relations morales de Platon, 73. son ouvrage sur l'union de la religion & de la politique cité, 176 (note)
WINDSO, Maupertuis y découvre un ancien monument, 198 (note)
WOLASTON admet le système des relations morales de Platon, 73
WOLFF, sa définition de droit naturel, 64. son *Manicheismus ante Manichæos* cité, 308 (note)
WOLMAR, dialogue entre lui & Socrate, 259

Fin de la Table des Matieres.